AF450591

51, Rue Saint-Georges — PARIS

TÉLÉPHONE 124-79, 165-58

DIRECTRICE GÉNÉRALE
YVONNE SARCEY

JOURNAL DE L'UNIVERSITÉ DES ANNALES

PUBLIANT TOUTES LES CONFERENCES FAITES A L'UNIVERSITÉ DES ANNALES

M. HENRI LAVEDAN

1910-1911
5e ANNÉE SCOLAIRE

TOME I — N° 10
1er Mai 1911

REVUE BIMENSUELLE

Prix : 60 Centimes
(Etranger : 75 Centimes)

SOMMAIRE

Les " Cinq à Six Littéraires "

Les Contemporains . . Mes Marionnettes. . . M. Henri LAVEDAN
  Le choix d'une Carrière, Ce qui ne dure pas, Au Dessert, dialogues de M. Henri Lavedan.

Histoire. . . . . Le Salon de l'Arsenal. . M. FUNCK-BRENTANO
  L'Arsenal de 1830, Alfred de Musset, Sonnets d'Alfred de Musset et de Marie Nodier.

Littérature Française . L'Epître . . . . . . M. Georges CAIN
  Epîtres de Ronsard, Corneille, Voltaire, Victor Hugo, Alfred de Musset, Théodore de Banville, François Coppée, Albert Samain, Comtesse de Noailles, etc.

Littérature Antique. . Gluck . . . . . . M. AUGÉ DE LASSUS
  Musique : Orphée, de Gluck.

  La Loi au Foyer. . . Pierre GINISTY.

EN PROVENCE : Les Taureaux qui pleurent, Jeanne de Flandreysy.
Une Etrange visite à l'entomologiste J.-H. Fabre, Jacques de Baroncelli-Javon.

Illustrations d'après Achille Devéria, Tony Johannot, Gavarni, Léon Noël, Meissonnier, Fragonard, Verge, Jobbé Duval, Fra Angelico, etc.

ABONNEMENTS

ANNÉE SCOLAIRE : 10 fr. France et Colonies

Union Postale : 15 francs

Pour la Publicité, s'adresser à MM. Huguet, De Pallissaux et Cie, 11, boulevard des Italiens. — Téléphone : 112-45 et 280-88.

Agents à l'Etranger : *Bruxelles* : Dechenne et Cie, 20, rue du Persil. — *Genève* : Naville et Cie, 6 et 8, rue Pécolat.
Irun (Espagne) : A. Muller et Cie. — *Londres* : Nilsson et Cie, 16 et 18, Wardour Street.

MEUBLES "HIBOU"

*Ameublements complets de Chambres et Salles à manger
en bois massif de toutes essences*

SIMPLICITÉ - SOLIDITÉ

PRIX TRÈS MODÉRÉS

Ayant obtenu aux Expositions Universelles de Milan et Londres les plus hautes récompenses :
TROIS GRANDS PRIX ET UN DIPLOME D'HONNEUR
Exposition Internationale de Saragosse : Hors Concours, Membre du Jury

LOUIS RIGAUT, 72=80, Quai de la Loire, PARIS

Les Poètes de Jeanne d'Arc

LIBRAIRIE DES ANNALES

NOS LECTRICES

trouveront

à la page VI des Annonces

un **BON**

leur permettant de souscrire

à Prix de Faveur

à l'ÉDITION DE LUXE

des Poètes de Jeanne d'Arc

LE BIBELOT

Les personnes désireuses de profiter d'occasions exceptionnelles pour salons, chambres à coucher, salles à manger, etc., devront lire "LE BIBELOT" dont le dernier n° vient de paraître. Ce nouvel organe des occasions en objets d'art et ameublements est envoyé *gratuitement* à toute personne se recommandant du " Journal de l'Université ".

A. HERZOG, 41, rue de Châteaudun

LA ROUTE DU BONHEUR

(20ᵉ Edition)

par Yvonne SARCEY

Un fort volume de 400 pages, in-18 Jésus

Prix franco : broché, 3 fr. 50 ; relié toile, 4 fr.

LA CRÈME NEPPO

Aux Extraits de Roses et d'Œillets, sans rivale pour Embellir la Peau.

Fait disparaître rapidement : **Points Noirs, Rougeurs**, irritation.

Pour faire connaître les qualités supérieures de la *Crème Neppo*, envoi d'un échantillon contre 0 f.50

En vente partout : Gᵈˢ Magasins, *Bon Marché, Printemps, Galeries Lafayette*, etc., et **36, rue du Général-Foy, Paris**.

MAISON FONDÉE EN 1817

La Cour Batave

LA PLUS IMPORTANTE SPÉCIALITÉ DE BLANC

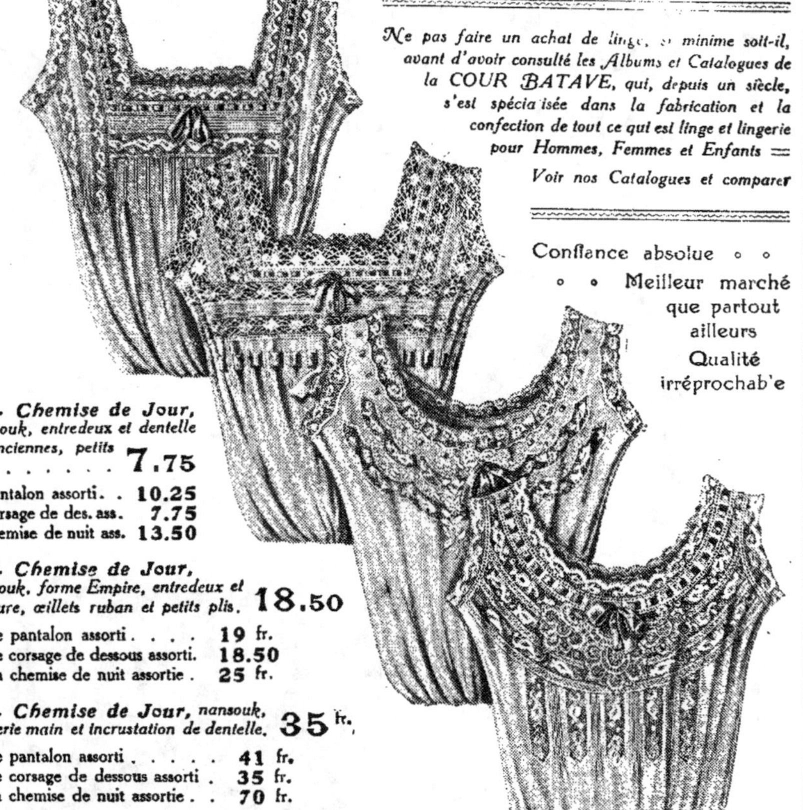

Ne pas faire un achat de linge, si minime soit-il, avant d'avoir consulté les Albums et Catalogues de la COUR BATAVE, qui, depuis un siècle, s'est spécia isée dans la fabrication et la confection de tout ce qui est linge et lingerie pour Hommes, Femmes et Enfants ==

Voir nos Catalogues et comparer

Confiance absolue ○ ○

○ ○ Meilleur marché que partout ailleurs

Qualité irréprochab'e

N° 1. Chemise de Jour, nansouk, entredeux et dentelle valenciennes, petits plis **7.75**

Le pantalon assorti. . **10.25**
Le corsage de des. ass. **7.75**
La chemise de nuit ass. **13.50**

N° 2. Chemise de Jour, nansouk, forme Empire, entredeux et guipure, œillets ruban et petits plis. **18.50**

Le pantalon assorti. . . . **19** fr.
Le corsage de dessous assorti. **18.50**
La chemise de nuit assortie . **25** fr.

N° 3. Chemise de Jour, nansouk, broderie main et incrustation de dentelle. **35** fr.

Le pantalon assorti . . . . . **41** fr.
Le corsage de dessous assorti . **35** fr.
La chemise de nuit assortie . . **70** fr.

N° 4. Chemise de Jour, nansouk, entredeux et dentelle valenciennes, motifs broderie fine, œillets ruban. **22** fr.

Le pantalon assorti . . . . . **29** fr.
Le corsage de dessous assorti . . **22** fr.
La chemise de nuit assortie . . . **36** fr.

TELEPHONE
105.94 - 216.00 - 216.03 - 2'6.84

Pour le détail de nos devis de trousseaux complets (linge personnel et linge de maison), demander notre Album spécial, qui contient tous nos devis depuis 600 fr. jusqu'à 30,000 fr.

LA COUR BATAVE EST LA MAISON DU LINGE PAR EXC LLFNCE

41, 43, 45, boulevard Sébastopol : 62, 64, 66, rue Saint-Denis, PARIS.

Agnel
PARFUMEUR
16, AVENUE DE L'OPÉRA
9, RUE AUBER
PARIS
SACS BRODÉS
HAUTE FANTAISIE
SACS MAROQUINERIE
DERNIÈRES NOUVEAUTÉS

| 5ᵉ ANNÉE — *Année scolaire 1910-1911* | JOURNAL DE L' | TOME PREMIER — Nᵒ 10. — 1ᵉʳ *Mai 1911* |

UNIVERSITÉ DES ANNALES

Les Cinq à Six Littéraires

LES CONTEMPORAINS

MES MARIONNETTES

Conférence de M. Henri LAVEDAN, de l'Académie française

16 février 1911.

Répétée le 2 mars,
et a Bruxelles, le 10 févr r.

Mesdemoiselles,

Pour la première fois de ma vie, je crois bien que j'ai commis une irréparable imprudence professionnelle dont, comme de toutes les erreurs, je ne songe vainement à me repentir que trop tard, quand le mal est accompli, au lieu d'avoir, ainsi qu'il eût fallu, cédé tout de suite au seul véritable et sage remords, je veux dire au remords anticipé, celui qui se gare de l'aventure en la prévoyant, qui la pèse, qui, sur le plateau du début, met, un par un, les poids méticuleux de la conséquence, le remords innocent et gai qui précède la faute, dont il s'écarte, au lieu de la suivre comme un benêt en pleurnichant et en s'arrachant les cheveux.

Qu'ai-je donc fait?

J'ai accepté naguère, dans une inconcevable minute d'aberration, d'oubli, de paresse et de vanité, la périlleuse et puérile tâche de vous parler de quelques-uns de ces dialogues qui, venus on ne sait d'où, ont bien voulu avoir la politesse de me choisir pour auteur, et j'ai promis, enfin, tel M. Anatole de l'avenue Marigny, ou quelque autre illustre imprésario des Guignols des Champs-Elysées, d'apporter ici mon bagage, mes inertes petits bonshommes vêtus à la mode et aux quatre idées de ma jeunesse, et de les faire évoluer, marcher et parler un instant devant vous, de leur redonner cinq secon-

des d'existence superficielle et légère, de tenir et de tirer les fils par l'écheveau desquels le semblant de ma pensée a tâché de perforer leur caboche de bois, d'animer leurs mains et leurs pieds frivoles, ces fils conducteurs, embrouillés souvent ainsi que ceux du Destin et qui commandent le geste, les sentiments, toute la télégraphie Chappe de la marionnette, lui donnant précisément, par réflexes et à-coups, dans ce qu'il a d'étriqué, de nécessaire et d'incomplet, le comique réduit de la satire et le désordre organisé de la caricature. *(Vifs applaudissements.)*

On m'a fait l'honneur de me demander plusieurs fois si ces personnages rapides de mes dialogues hachés, ces acteurs d'une parcelle de la vie et de la journée, d'un coin de trottoir ou de table, avaient une histoire et quelle était leur origine..., où nous avions fait connaissance. Ma foi, je n'en sais plus rien, et, tout ce que je pourrais certifier, c'est qu'ils furent, du moins d'abord, des enfants de mes yeux.

A vingt ans, on croit n'avoir rien à faire qu'à regarder. C'est l'âge où les yeux sont tout neufs. Essuyés du matin même par les rudes serviettes du collège et de la famille, émoustillés d'indépendance, enclins à s'affranchir des soucieuses caresses que leur in-

1969   1255

fligeait la contemplation gênante et médita- tive des mères, ils commencent seulement à servir, à regarder de leurs propres ailes, à peine ouverts et déjà grands ouverts, d'un éclat et d'une fraîcheur aiguë dont ils sentent dans ceux d'autrui la force répercutée.

Ils sont tout, alors, ces jeunes yeux de la première floraison. C'est par eux que l'être qui pousse se mêle d'observer, de respirer, d'apprendre, de penser, d'éprouver, de parler, de rire, de pleurer..., car, dans la suite, quand on est vieux et durci, ce n'est plus des yeux que l'on pleure, c'est à sec et du rocher de l'âme... Mais, au printemps, tout passe, entre et sort par les yeux, seul chemin, le plus court chemin de tous les points à tous les autres.

Et les yeux sont actifs et passifs.

Actifs, ils chassent et pêchent, incessamment braqués de tous les côtés à la fois. Ils sont des pistolets, des pièges, des filets, lancent des balles et des flèches, des baisers et des fleurs; ils attaquent, blessent, tuent, guérissent, pénètrent partout..., et, comme ils sont aussi des clés, ils forcent les tiroirs et les visages, la serrure des physionomies et le secret des cœurs.

Passifs, ils reflètent, accueillent, reçoivent, boivent et absorbent l'immense, "universelle vie dont tous les spectacles ne s - ent jamais à remplir la coupe de Sèvres — bleue ou noire — de leur prunelle; ils sont la lanterne magique de la nature et des choses, la flaque de ciel répartie à chacun, versée dans les deux petites vasques baptismales creusées au bas de chaque front. Et ainsi, actifs et passifs, ils n'ont d'abord, pour toute besogne, que d'agir horizontalement et de regarder droit devant eux, sans plus. Après, quand ils seront fatigués du présent, qu'ils cligneront, inquiets d'avenir, et qu'ils auront peiné, ils regarderont derrière eux, dans le passé. Après, ils regarderont à terre, dans l'herbe et dans la mort..., et, à la fin, quand ils n'auront plus envie de regarder nulle part, ils remonteront et se fixeront, en haut, ayant accompli et terminé de cette façon les rayonnantes étapes qui marquent sur la carte humaine la rose des regards, les quatre points cardinaux de la Visualité. *(Longs applaudissements.)*

❧

Vous vous expliquez, dès lors, aisément, combien, munis d'un si magnifique et précieux appareil, les hommes sont excusables d'en profiter jusqu'à l'excès! L'adolescent use de ses yeux ainsi que de son premier fusil, et la jeune fille comme de son premier miroir. On les surmène, on les emploie pour tout; on les met, si je ne crains pas l'expression, à toutes les sauces du désir, à tous les ragoûts de la curiosité. Ils servent pour l'attaque et la défense, pour la question et la réponse, pour le silence et l'aveu, pour tous les exercices et toutes les promesses qui font partie « du métier de voir ». La nuit, même clos et cousus par l'aiguille dorée des songes, les yeux entraînés, par vitesse acquise, continuent de voir quelque chose et de regarder encore. Et jamais on n'est las de leur activité surhumaine, jamais on ne leur dit:

— C'est assez! Fermez-vous! Etouffez vos flammes, coupez vos éclairs, arrêtez-vous d'aller, de venir, de courir, de tourner, de virer, de voltiger, d'être le mouvement et le papillon perpétuel de ma pensée, les hirondelles de mon cœur et le vertige instantané de chacune de mes minutes!...

Au contraire, on les active, on les aiguillonne, on les lance et les relance comme des faucons sur le gibier de tout ce qui se montre et passe à leur portée et il arrive alors que, par les bois de la ville, les halliers du boulevard, dehors et dedans, à la maison et le long des rues, en tous lieux, à toute heure, ils font lever tant et tant de scènes, de fragments multipliés de la vie, de morceaux de spectacles, de gestes, d'émotions et d'impressions disparates qu'il finit par y en avoir trop... On ne peut plus garder tout ce que l'on regarde!... et la coupe des yeux déborde... Mais, par une miraculeuse grâce, elle déborde... au dedans de nous, et ce qui tombe, même quand nous en avons fait notre deuil, n'est jamais complètement perdu. Tout ce que nos yeux étourdis et inconsidérés ont récolté dans leur école buissonnière vient, au cours des saisons que sont nos âges, s'emmagasiner, se ranger en ordre aux greniers d'abondance de la mémoire, et les économies involontaires du souvenir, les richesses de nos premiers regards, tous les documents, les croquis, tous les trésors d'observation, glissée ou appuyée, d'autrefois, se trouvent là, chez nous, à notre insu, entassés ainsi que dans des sacs, réserve de grains où nous n'aurons qu'à puiser un jour jusqu'aux épaules, pour ressusciter le temps qui les produisit et dont ils sont comme une espèce de semence inemployée, pleine de sève posthume.

Tôt ou tard, en effet, l'heure sonne où le nouvel et téméraire écrivain est brusquement détraqué de s'entendre — et sur le ton d'un ordre! — demander ce qu'il a vu.

Tout d'abord, il ne se rappelle pas. Il a tant vu qu'il n'a rien retenu! Que lui reste-t-il des myriades de regards qu'il a gaspillés? Cependant, comme il ne peut se résoudre du premier coup à reconnaître son aridité, il dit:

— Attendez! que je cherche!

Il s'accoude. Avec un geste de fatigue, il met, machinalement, la main... sur ses yeux..., et voilà que sous les paupières, pourtant rabattues, s'accomplit, avec la rapidité d'un regard aussi, le prodige intérieur! Il revoit, ceux de son âge, il parlera en premier lieu des jeunes gens, des jeunes filles, et il s'imaginera, à tort ou à raison, qu'il en parlera beaucoup mieux en les faisant parler eux-mêmes et dialoguer, car le dialogue est en quelque sorte l'enfant immédiat et facile, prompt et logique des yeux du littérateur qui débute. Il s'y trouve à l'aise, libre, moins

Le nouvel et téméraire écrivain revoit, clairs et animés, ses anciens spectacles !... Il retrouve vivantes ses vieilles images... qu'il croyait sombrées, corps et biens... — Il parlera en premier lieu des jeunes gens, des jeunes filles.

clairs et animés, ses anciens spectacles!... Il retrouve vivantes ses vieilles images... qu'il croyait sombrées, corps et biens... Le rideau baissé de ses yeux en a fait lever un autre, aussi pompeusement drapé, d'une pourpre aussi belle, sur le théâtre, les décors et les paysages du passé. Tout paraissait fini et tout recommence. Il va pouvoir dire, à présent, — ou, du moins, l'essayer, — ce qu'il se figurait n'avoir que regardé et qu'il s'aperçoit qu'il a vu... Et dans quel ordre procédera-t-il? Ne va-t-il pas, comme on le parierait, commencer par les plus récents souvenirs de la série, ceux à peine reposés et assis, auxquels il touche en levant le bras, qu'il n'a quittés qu'hier, qui sont les plus tentants puisqu'ils exigent la moindre peine? Non. Ce n'est pas à ceux-là qu'il ira, mais aux plus lointains, aux premiers, à ceux de la jeunesse. Presque jamais, il n'intervertira la succession naturelle des aventures de ses yeux. Et, comme les spectacles qu'il eut d'abord en face de lui furent

gêné que dans la tenue rigoureuse et habillée du conte, du récit.

A la faveur du dialogue, il peut remuer, gesticuler, croiser ses jambes, renverser sa chaise, dire cent folies... et des sottises aussi. Cela ne tire pas à conséquence. On cause. L'on n'écrit pas, on bavarde... Et, dès lors que deux ou plusieurs écervelés parlent l'un après l'autre et tous à la fois, leur souffleur n'a-t-il pas toute permission de s'amuser avec eux, de les faire rire en riant d'eux, d'être jeune enfin par droit et même par devoir? Il aura bien le temps, Seigneur! un peu plus tard, c'est-à-dire plus tôt qu'il ne l'a décidé, de se rembrunir et de soupirer, assis, un soir prochain, Marius de la quarantaine, sur les ruines de son exubérance et les décombres de sa gaieté! *(Applaudissements prolongés.)*

La plume en main, le voilà donc qui a vite fait de recruter la troupe des marionnettes dociles qui vont à deux, à trois, à quatre, interpréter au rétrospectif ses premières « comidinettes » de cinq minutes. Les personnages principaux seront presque toujours les mêmes, et, bien entendu, de tout jeunes gens, pléthoriques de sympathie, malgré les ridicules et les défauts dont l'auteur ne se sent pas suffisamment garanti pour oser leur témoigner la réprobation légitime qu'ils mériteraient... Ce sont encore des enfants, qui veulent faire l'homme, en attendant de devenir, avec l'expérience, le pauvre homme qui fera l'enfant! Ils ont en tout une irréflexion de bronze, le verbe haut, la semelle du maître d'armes et l'aplomb du pédant, la sûreté vaniteuse des blasés précisément parce qu'ils n'ont encore goûté à rien; mais ils ont aussi la désarmante et victorieuse gentillesse du conscrit, la bravade intense et pardonnée de ces énergumènes cordiaux qui viennent de tirer au sort et qui, tout farcis de rubans, de cocardes et de papiers peints pareils à des bonnets et à des fanfreluches de cotillon, porteurs de numéros bons ou mauvais, chantent à tue-tête, se bousculent du même entrain, sans savoir une seconde ce que leur veut la vie ni ce qu'ils lui veulent, sans rien soupçonner de son bal et de ses batailles, et d'une si superbe ignorance de ses plaisirs, plus menaçants que ses dangers, que l'on ne peut s'empêcher de les plaindre, au futur, ainsi que des *morituri* et d'admirer, avec une pointe d'envieux regret, la splendeur de leur fausse optique et la santé presque campagnarde de leurs illusions.

Et, à côté d'eux, autres personnages fondamentaux, il y aura les pères et les mères, les parents dont on sort à peine, avec leur importance de papas et leurs indulgences de mamans, avec leurs bonnes et chères figures dont pas un minime espace ne nous est inexploré, dont pas un pli ne nous échappe, avec leurs tics, leurs manies éducatrices, leurs recommandations, leurs phrases d'inévitable et ennuyeuse morale, toutes leurs saintes maladresses qui n'ont d'égale que leur plus sainte tendresse et avec leurs yeux, à eux aussi, leurs yeux inquiets, pensifs de nous perdre, d'heure en heure, leurs yeux d'alarmes et de larmes, toujours clairvoyants et parfois obscurcis à ce point, qu'ils regardent leurs petits sans rien y voir ou autre chose que l'inconnu qui s'y trouve.

Et il y aura le babil des fillettes, des jeunes filles, compagnes d'enfance des frères, leurs sœurs, dont les cheveux, du dos où ils flottaient, sont peu à peu remontés sur les nuques, les têtes et les fronts où ils attendent maintenant, sages et fous, épars ou bien

rangés, le moment d'avoir un grand voile blanc et d'entrer en ménage.

Rien qu'avec les éléments de ce jeune monde, restreint, mais fructueux, et si abondant en modèles, un auteur a plus qu'il ne lui en faut pour partir et se lancer dans la carrière du montreur de marionnettes... Et ce sont deux essais, rien, moins encore..., quelque chose comme du solfège dramatique, de tout petits exercices élémentaires et des gammes de théâtre que je vous demande, puisque déjà vous me l'avez accordée, la permission de vous faire entendre :

LE CHOIX D'UNE CARRIÈRE

M. SALMON, *quarante-huit ans.*
MADAME SALMON, *quarante ans.*
PAUL, *leur fils, vingt ans.*

Le soir, dans la chambre de Mme *Salmon. Ils viennent, à la minute, de sortir de table.*

LE PÈRE, *à son fils.* — Oui, mon bonhomme. Aujourd'hui, tu as tes vingt ans.

LA MÈRE. — Le 17, à midi douze.

PAUL. — Comment! je suis venu au monde à l'heure des repas?

LE PÈRE. — Oui, mon garçon. C'est à midi douze que ta mère a été servie! Et nous étions bien heureux.

LA MÈRE. — Si tu avais vu la joie de ton père!

PAUL. — Je l'ai vue. Mais, dame!

LE PÈRE. — Tes souvenirs sont vagues?

PAUL. — Un peu voilés, oui.

LA MÈRE. — Je me rappelle. Le soir de ta naissance, on t'avait couché à côté de moi, sur le traversin, pour que je t'aie plus près de ma tête et que je te voie mieux.

PAUL. — J'étais gentil?

LA MÈRE. — Affreux. Mais bien mignon tout de même! Ton père, avant d'aller se mettre au lit...

LE PÈRE. — Oh! que j'étais fatigué ce soir-là, mes enfants! Moulu!

LA MÈRE. — Moi aussi. Ton père est venu nous embrasser tous les deux. Il était penché sur toi, il te tapait la joue avec son doigt, il voulait te faire rire, et toi tu ne bronchais pas. C'était trop tôt.

PAUL. — On ne rit jamais le premier jour, dans la vie.

LA MÈRE. — Et alors nous causions d'un tas de choses, nous faisions des projets en l'air, sur ce que tu serais plus tard..., ta carrière... Ton père disait : « Je ne sais pas pourquoi, j'ai idée qu'il ira loin, ce petit, qu'il sera quelqu'un! » Moi, je n'en demandais pas tant, je pensais : « Le voilà, il est venu, il est bien vivant. Pourvu qu'il grandisse et qu'il soit heureux, c'est tout ce qu'il me faut! »

LE PÈRE, *à sa femme, en belle humeur.* — Et aujourd'hui, ça a vingt ans. Regarde-moi cette perche. Quel malheur!

LA MÈRE. — Ah! le temps passe!

LE PÈRE, *à son fils.* — Es-tu content, au moins, de les avoir, ces fameux vingt ans?

ment me paraît très bien choisi. L'anniversaire de ta naissance.

PAUL, *câlin.* — Oh non! pas ce soir. Ce soir, on est gai, on fait la petite soirée de famille, on boit un petit verre de liqueur à la santé..., mais on ne parle pas des machines ennuyeuses sur les carrières, les professions, tout le diable et son train! Plus tard. Ça sera

LE PÈRE. — Qu'est-ce que tu as donc cru que tu ferais?
PAUL. — Rien.

PAUL. — Oui. Mais modérément, je n'ai pas envie de pousser des cris.

LE PÈRE. — Pourtant, tout enfant, tu ne rêvais que de ça.

PAUL. — Oui. Mais, au fond, d'avoir vingt ans, ça ne m'a jamais fait un vrai plaisir que quand je ne les avais pas. A présent que j'y suis, j'y tiens moins.

LE PÈRE. — J'entends. Mais enfin tu les as, tu es bien forcé de les prendre.

PAUL. — Et je les prends avec plaisir, croyez-le, ça ne m'ennuie pas.

LA MÈRE. — Tu sens que tu es un homme. Ah dame! vingt ans, c'est une étape! C'est une date. Une date morale surtout. Tu t'en rends bien compte, n'est-ce pas?

PAUL, *d'un ton détaché.* — Oui, oui.

LE PÈRE. — A la bonne heure. Eh bien! ta mère et moi, il y a déjà quelque temps que nous voulions te parler de ton avenir, te poser deux ou trois questions...

PAUL, *faisant la grimace.* — Ce soir?

LE PÈRE. — Sans doute, ce soir. Le mo-

pour un autre jour. Un jour où l'on sera de mauvaise humeur.

LA MÈRE. — Tu n'es pas raisonnable. Pour un grand garçon de vingt ans!

LE PÈRE. — Tu trouves que c'est ennuyeux de parler de toi, de ton avenir, de ce que tu seras dans la vie?

PAUL. — Ça n'est pas amusant.

LE PÈRE. — Il faut en parler, cependant. Tu as été bachelier très tard, à dix-neuf ans.

LA MÈRE. — Et encore tu n'as été reçu qu'à la troisième fois.

PAUL. — La guigne. On avait été me questionner sur des guerres impossibles, des batailles que personne ne connaît! Et puis, j'ai une nature à part. Je sais très bien les choses; seulement, dès qu'on me les demande sur un ton de menace et avec un air de vouloir me fourrer dedans, alors je me trouble, je perds la boussole, et je ne trouve plus rien à répondre. Je sais les choses, mais en dedans, comprenez-vous? rien que pour moi. C'est le principal, **n'est-ce pas?**

LA MÈRE. — C'est insuffisant. Comment feras-tu, plus tard, dans le monde, si on te demande un renseignement historique, une date, un détail de géographie?

PAUL. — Je m'arrangerai. Et puis, d'ailleurs, dans le monde, on ne vous fait pas subir d'examen, ni de questionnaire. Quand on vous invite à dîner, ça n'est pas pour vous demander les affluents du Danube.

LE PÈRE. — Détrompe-toi, mon enfant. Il y a des maisons où l'on vous pose souvent des questions beaucoup plus difficiles que ça. Et surtout, sur la politique, la religion, la morale.

PAUL. — Bah! bah!

LA MÈRE. — Comment t'en tireras-tu, si tu es un ignorant?

PAUL. — On sourit, on tourne une galanterie à sa voisine, et ça fait le compte.

LE PÈRE. — Mais laissons tout ça pour revenir à la vraie question. Depuis que tu as eu ton diplôme, on t'a laissé te reposer et t'amuser pendant près d'un an. Il me semble que c'est bien large. Te voilà dans ta vingt et unième année. Qu'est-ce que tu penses faire?

PAUL. — Dame!... A vous dire vrai..., je ne sais pas.

LA MÈRE. — Cherche.

LE PÈRE. — Tu y as pensé quelquefois, pourtant?

PAUL. — Jamais.

LE PÈRE. — Qu'est-ce que tu as donc cru que tu ferais?

PAUL. — Rien.

LE PÈRE. — Rien!

LA MÈRE. — Ah! mon pauvre enfant!

LE PÈRE. — Tu sais bien que nous n'avons pas de fortune!

PAUL. — Si, un peu.

LA MÈRE. — Ça ne vaut pas la peine d'en parler.

PAUL. — Permettez. Parlons-en, au contraire. Qu'est-ce que vous me laisserez?

LA MÈRE. — Une misère!

PAUL. — Une misère de douze mille francs de rente. Je le sais parce que vous me l'avez dit! Eh bien! je m'en contente.

LE PÈRE. — Et tu vivras avec ça?

PAUL. — Largement. Avec douze mille balles, votre fils regorge de richesses. *Abundat divitiis*.

LE PÈRE. — Mais nous dépensons trois fois ça, malheureux enfant!

PAUL. — Parce que ça vous fait plaisir.

LE PÈRE. — Et parce que nous t'avons.

LA MÈRE. — Soit dit sans reproche: tu nous as coûté très cher, depuis ta naissance.

PAUL. — Justement. Mais comme, moi, je suis décidé à ne pas me marier, je n'aurai donc ni femme ni enfants, et ma petite fortune suffira à mes goûts modestes. Avec mille francs par mois, ah! j'attendrai paisiblement le déluge.

LE PÈRE. — Voyons, parlons sérieusement, au lieu de nous attarder aux sottises.

PAUL. — Je t'assure que je suis très sérieux, papa.

LE PÈRE. — Non. Veux-tu être soldat?

PAUL. — Tout le monde l'est, en temps de guerre. Par conséquent, le jour où il faudra se faire démolir, j'irai comme les camarades. Mais soldat en temps de paix? Traîner mes bottes à travers les garnisons et m'abrutir? Non.

LA MÈRE. — Cependant, un joli uniforme, une épée au côté...

PAUL. — Ça me gênerait beaucoup. D'ailleurs, c'est fini, l'uniforme. Ça ne se porte plus. Les officiers le mettent encore une ou deux fois par an, pour aller à un mariage ou chez le photographe; mais, le reste du temps, ils sont toujours en bourgeois. Et fichus! il faut voir! Comme l'as de pique. Avec des chapeaux melons et des vêtements passés de mode. Et nous ne sommes pas au bout, va. Dans un demi-siècle, les simples soldats seront aussi en bourgeois, excepté les jours d'inspection et de revue. Ça sera l'armée nouvelle. Ça sera très flatteur à l'œil. Et alors ce sont les civils qui auront des uniformes et qui seront chamarrés jusqu'au bout des ongles!

LE PÈRE. — Tu ne sais pas ce que tu dis. Mais il n'y a pas que l'armée. Veux-tu porter la robe? Magistrat?

PAUL. — A aucun prix. Assise, debout, à plat ventre, dans n'importe quel sens, la magistrature me dégoûte.

LE PÈRE. — Avocat?

PAUL. — Pouah!

LA MÈRE. — Marin?

PAUL. — Il est trop tard, maman. Il faut s'y atteler dès l'âge de neuf ou dix ans pour entrer au *Borda*, à peine au sortir de l'enfance. C'est encore bien compris, cette machine-là! Et puis, des mois entiers sur le même bateau, sans pouvoir sortir et aller faire un tour! Pas drôle. Je crèverais d'ennui sous le vingt-septième degré de longitude nord. Non, pour faire vraiment un bon marin, il faut être comme Loti, il faut s'occuper de tout autre chose.

LE PÈRE. — Alors, sois ingénieur.

PAUL. — Polytechnique!

LE PÈRE. — Oui.

PAUL. — Ah! Dieu de Dieu! Autant mourir à la fleur de l'âge! Des chiffres! de l'algèbre! des formules! Des histoires à se tré paner la cervelle. Et tout ça, pourquoi? Pour faire des ponts qui fichent le camp comme du beurre à la première inondation, ou bien établir des chemins de fer qui abîment les beaux paysages.

LA MÈRE. — Je ne veux pas te contrarier. Mais tu as tort. Les ingénieurs font de si riches mariages!

PAUL. — Tu oublies que je tiens à rester garçon.

LE PÈRE. — On dit ça.

PAUL. — Et on le fait.

LE PÈRE, *ironique.* — Entre dans les Ordres, alors, puisque tu as une telle horreur de la femme.

PAUL. — Je n'ai pas dit ça. Et puis, la vocation me manque. Je le regrette sincèrement, par exemple! Car être prêtre comme je l'entends, c'est bien l'existence la plus suave qu'il y ait sous la grande calotte. Oui, curé dans quelque joli village de Touraine, ou bien chanoine dans le Midi.

LE PÈRE, *avec élan.* — J'ai trouvé! Médecin?

PAUL. — Horreur! Les maladies, les saletés humaines, la vue des souffrances et de la mort.

LE PÈRE. — Les gros honoraires!

PAUL. — Je m'en moque un peu. Ni pour or, ni pour argent! Mais, mon pauvre papa, on me payerait deux cent mille francs pour que je te fasse une opération, même légère, que je ne voudrais pas!

LE PÈRE. — Bigre! Ni moi.

LA MÈRE. — Alors, je ne vois plus guère que les arts. Ça n'était pourtant pas mon rêve...

PAUL, *qui réfléchit.* — Les arts!

LE PÈRE. — Oui. C'est un champ très vaste. Au moins, là, tu peux choisir.

LA MÈRE. — Que choisis-tu?

PAUL. — Rien. Je ne veux pas en priver les autres.

LE PÈRE. — La peinture? Murillo... Cabanel...

PAUL. — Ça m'ennuie. Je ne m'y connais pas.

LA MÈRE. — J'aurais bien aimé avoir mon fils prix de Rome. La sculpture, alors? Les bustes?

PAUL. — Les statues me portent sur les nerfs. Ça a un côté perpétuellement immobile, qui m'agace.

LE PÈRE. — Tu les voudrais mécaniques?

PAUL. — Non, je ne veux rien. Je ne m'en occupe pas. Il n'y a encore que la musique pour laquelle j'aurais eu du goût. Mais, voilà, c'est trop difficile. Et puis, cette question des écoles, on n'est jamais d'accord. Moi, si j'en faisais, je sens que je serais wagnérien, archi-wagnérien. J'irais encore plus loin que Bruneau. Ah! je serais terrible!

LA MÈRE. — Tu as peut-être raison. En ce cas, il vaut mieux ne pas en faire. Moi, je ne comprends que la mélodie. Si tu avais entendu *La Favorite*, chantée par Mme...

LE PÈRE, *à son fils.* — Finalement, petit mâtin, que comptes-tu faire? Rien? Ce n'est pas une plaisanterie? Tu veux rester dans la vie à te tourner les pouces?

PAUL. — Oh! que non! Je ne veux d'aucune

LA MÈRE. — Pas trop tard. Et puis, en rentrant, tu passeras par ma chambre.

position. Mais je saurai m'occuper tout seul.

LE PÈRE. — A quoi?

PAUL. — A des quantités de choses, papa. Je lirai les journaux du matin, de l'après-midi, de six heures, et ceux du soir. Je suivrai les publications intéressantes, j'irai voir les pièces qui en valent la peine. Tout ça ne me ruinera pas. Et puis, je suivrai les distractions à la mode, au fur et à mesure. Je visiterai les expositions de fleurs et d'orchidées, j'irai au Palais de Glace voir patiner; sans compter la marche, les promenades, la bicyclette, beaucoup de grand air et d'hygiène.

LE PÈRE. — Ça fait bien des affaires pour tes douze mille francs de rente!

PAUL. — Je m'en tirerai. Le grand air ne coûte rien.

LE PÈRE. — Tu n'es donc pas comme moi! Tu me confonds avec ta tranquillité. Si tu n'apprécies pas le travail, tu n'aimes donc pas au moins tes aises? Tu ne tiens donc pas à gagner un peu d'argent pour te procurer avec un tas de douceurs?

PAUL, *à son père.* — Non. J'admire ton amour du travail...

LA MÈRE. — C'est vrai. Il a trop travaillé, dans sa vie!

PAUL. — Ainsi, tu as dans l'administration un poste unique, une sinécure admirable. Moi, si j'étais à ta place, je me bornerais à ça. Non, tu fais un tas d'autres besognes en dehors, tu t'éreintes, tu t'abîmes la santé. Pourquoi? Pour gagner quelques billets de mille francs de plus?

LE PÈRE, *lui prenant l'oreille*. — Parce que je ne suis pas tout seul, monsieur. Parce qu'il y a ta mère et toi. Parce qu'il y a eu ton éducation pendant douze ans, les leçons de toutes sortes, les répétiteurs, les langues vivantes, les arts d'agrément. Voilà pourquoi ce pauvre père, cette vieille ganache, s'esquinte à un tas d'autres besognes en dehors pour gagner quelques billets bleus en plus.

LA MÈRE, *à son fils*. — Embrasse ton père. Tu n'es pas gentil et tu nous fais de la peine. Le soir de tes vingt ans!

PAUL. — Voilà ce que c'est aussi que d'avoir abordé ce sujet-là ce soir! Je vous avais prévenu. J'étais sûr que ça finirait mal! Les jours d'anniversaire, les jours de fête, il ne faut jamais me parler des grands problèmes de la vie. Je n'y ai pas l'esprit.

LA MÈRE. — Ah! ces soirs-là seulement?

LE PÈRE. — Alors, nous pourrons t'en reparler un autre jour? Tu seras mieux disposé?

LA MÈRE. — Plus raisonnable?

PAUL, *avec peu de bonne grâce*. — Oui.

LE PÈRE, *mélancolique, lui tapant sur la joue*. — Nous verrons ça. C'est égal! Il y a aujourd'hui vingt ans, je fondais sur toi plus d'espérances que ça, mon pauvre petit! Mais oui. Seulement, voilà... C'est trop beau, les rêves des pères... Avec le temps, les années, et les cheveux gris..., on est forcé d'en rabattre. Et beaucoup. *(Changeant de ton.)* Mais, un jour comme celui-ci, je ne veux pas t'attrister. *(Il regarde la pendule.)* Il n'est que neuf heures. Va t'amuser, va sur le boulevard, avec tes amis. Va!

PAUL, *se levant, gêné*. — Bonsoir, papa. *(Il embrasse son père, qui l'embrasse à son tour.)* Bonsoir, maman.

Il embrasse sa mère.

LA MÈRE, *bas, à son oreille*. — Pas trop tard. Et puis, en rentrant, tu passeras par ma chambre, n'est-ce pas?

Il sort. Et la porte une fois refermée, les parents restent longtemps encore à causer et à se faire un peu de mauvais sang sous la lampe.

HENRI LAVEDAN (1).

(1) Ce dialogue, lu à ravir par l'éminent conférencier, et fréquemment interrompu par d'enthousiastes applaudissements, est tiré de: *Les Marionnettes*, éditeur Flammarion, le volume 3 fr. 50.

Et, maintenant, c'est un nocturne de la vingtième année, une sonate au clair de lune:

CE QUI NE DURE PAS

RENÉ, *vingt-neuf ans*.
MATHILDE, *vingt ans*.

A Locarno, sur les bords du lac Majeur, entre onze heures et minuit, à une vaste fenêtre en marbre d'un premier étage de grand hôtel silencieux et désert. On est aux premiers jours de mai, et ils sont accoudés l'un près de l'autre.

RENÉ. — Cette promenade que nous venons de faire sur la route était bien agréable. As-tu vu là-haut, près de l'église, comme les yeux des femmes du peuple, assises sur les marches, brillaient dans l'ombre quand nous sommes passés près d'elles?

MATHILDE. — Oui. Elles ont des yeux magnifiques; elles nous enviaient, peut-être.

RENÉ. — Elles avaient raison. Te sens-tu mieux? Es-tu moins lasse que ce matin?

MATHILDE. — Je te remercie, je suis très bien. C'est le voyage qui m'avait fatiguée un peu. Ah! hier, quand nous sommes arrivés dans l'après-midi, j'étais rompue. Mais bien heureuse tout de même. Et d'une nervosité! Tu sais, au moment où le train s'est arrêté, tout doucement, comme s'il perdait connaissance, un peu avant la gare de Bellinzona?

RENÉ. — Oui, tu avais les larmes aux yeux. Je t'ai demandé pourquoi.

MATHILDE. — Je t'ai répondu: « Rien. » La vérité, c'est que j'étais émue à un point dont tu ne peux pas te faire une idée. Cela m'a saisie tout d'un coup, quand le train a ralenti sa marche, et qu'il s'est trouvé soudain immobile, au milieu de la campagne, dans un silence qui m'a pris le cœur. Le ciel était si bleu que je n'en avais jamais vu de pareil; les montagnes, comme en velours lilas, se dressaient devant moi avec leurs cascades d'argent; il y avait un petit vent parfumé qui entrait par la fenêtre du wagon, qui me glissait comme un baiser sur la figure; j'ai pensé: « Voilà, c'est l'Italie, je suis avec René. » Et puis, les rayons de ce soleil si tiède... J'ai songé aussi, malgré moi, aux poitrinaires, aux malades qu'on rencontre dans le Midi avec de grandes mains, à tous ceux qui meurent, en pleine jeunesse, qui ne verront plus jamais tant de belles choses, et, alors, j'ai eu au coin de l'œil..., comme une petite fille. Tu sais qu'il ne m'en faut pas beaucoup.

RENÉ. — Es-tu enfant! Pourtant, je ne te gronde pas, car j'ai éprouvé à peu près la même impression que toi. Tu n'en as rien vu. Mais, précisément, à cet instant dont tu parles, moi je regardais du côté opposé, où il y avait, tout au loin, un bataillon de soldats suisses qui bivouaquaient dans les herbes. Quelques-uns agitaient des foulards de couleur. Les fumées de leurs feux montaient toutes droites parmi les fusils en faisceaux, dont les baïonnettes étincelaient. C'était vraiment joli. J'ai détourné la tête, j'ai vu d'un regard les prairies, les montagnes, l'horizon, et je n'ai pas eu

Beaucoup plus qu'en France. A force de regarder, on dirait qu'elles remuent, mais si peu, que cela semble plutôt une respiration. Et puis... Oh! mais on découvre un tas de choses! Sais-tu bien qu'elles ne sont pas pareilles! Il y en a des vivantes, et d'autres froides, pointues qui ne bougent pas, comme si elles étaient mortes; et puis, il y en a des

MATHILDE. — Oh! si. Nous y resterons toute la semaine.

d'autre idée que celle-ci: qu'il serait dommage de venir ici tout seul.

MATHILDE. — C'est vrai.

RENÉ. — A quoi penses-tu?

MATHILDE. — A tout ce qui s'est passé depuis avant-hier : les pleurs de maman, notre départ, ces grandes montagnes du Gothard sous la neige... Oh! je le retiens, l'Anglais du sleeping! Notre arrivée dans cet hôtel vide où nous ne sommes que cinq voyageurs, — j'ai compté, tantôt. Il me semble que j'ai vécu un an, depuis ces deux jours.

RENÉ. — Et moi, cinq minutes. Comment te trouves-tu ici? N'est-on pas bien?

MATHILDE. — Oh! si! Nous y resterons toute la semaine.

RENÉ. — Tant que tu voudras.

MATHILDE. — Comme on est loin de Paris, loin de tout! Ecoute. On n'entend rien, mais pas le plus petit bruit. C'est comme à l'infirmerie, au couvent.

RENÉ. — Rien. La nuit est magnifique.

MATHILDE. — Les étoiles ont l'air d'être plus nombreuses, et plus belles. Brillent-elles, mon Dieu! Y en a-t-il! Oh! comme il y en a!

roses, des bleu pâle, des vertes. J'en vois des vertes, couleur de flammes de Bengale. Est-ce beau! Est-ce haut! Une fois qu'on a levé la tête, on est prise, on ne peut plus s'arracher de les aimer. Quand j'étais petite, je trouvais qu'elles ressemblaient à des boutons de manchette. Et dire qu'on ne saura jamais...

RENÉ. — Jamais.

MATHILDE. — Et ce silence. Crois-tu que c'est du silence! Un silence qui vous remplit, qui vous fait songer, qui vous rappelle des choses passées. As-tu remarqué, dans des moments comme ceux-ci, le soir, quand tout est calme, doux, ténébreux, qu'on est sur une terrasse, quelque part, au bord de l'eau, ou bien sous les arbres noirs, assis, qu'on ne parle que par-ci par-là pour dire un ou deux mots, que le ciel a toutes ses étoiles et qu'on laisse aller la nuit, minute par minute...

RENÉ. — Eh bien! ma petite?

MATHILDE. — Eh bien! c'est peut-être très bête ce que je vais te dire; mais, as-tu remarqué?... on se sent plus intelligent qu'en plein jour, on a de grandes pensées vagues qui flottent, qui vont très loin, on ne mentirait pas, ah non! on ne commettrait pas de vilaines actions. J'aime beaucoup, moi, ces instants-là; mais ils n'arrivent guère qu'en province. A Paris, les occasions manquent, et puis, on n'y a pas l'esprit. Tiens, encore autre chose sur les étoiles que j'ai observé... Je ne t'ennuie pas?

RENÉ. — Jamais, ma chérie. Voyons, qu'as-tu observé?

MATHILDE. — La façon dont elles arrivent au ciel.

RENÉ. — Quelle façon? Elles arrivent dès qu'il fait nuit.

MATHILDE. — Sans doute, la grosse malice. Mais c'est très singulier. Elles arrivent tout d'un coup, l'une après l'autre, et jamais, tu m'entends bien? on ne peut saisir la seconde précise où elles s'éclairent et brillent. Elles ont l'air de le faire exprès, paf! de s'allumer pendant que vous avez le dos tourné. Il n'y en avait pas; patatras, il y en a! Jamais je n'ai pu en voir une seule poindre et s'épanouir en m'écriant: « La voilà qui vient! » Avoue que c'est agaçant.

RENÉ. — Console-toi. Peut-être qu'un jour, il y en aura une un peu plus bonne enfant...

MATHILDE. — Ah! ne deviens pas moqueur. Je crois que tu me trouves ridicule et je n'ose plus rien dire.

RENÉ. — Tu sais bien que non. La main à votre ami. Là.

MATHILDE. — Tu me serres fort.

RENÉ. — Comme ça... Je ne te fais pas de mal?

MATHILDE. — Non. Est-il merveilleux, ce lac Majeur, sous la lune! Passer la nuit dessus, dans une barque, mais rien que nous deux, sans rameur!

RENÉ. — Veux-tu?

MATHILDE. — Demain. Un autre soir. Il bouge à peine. Au milieu, l'eau est bleu d'argent comme le saphir que tu m'as donné, et là-bas, au pied de la montagne, elle est noire comme de l'encre. Et ces petites lumières, à droite, à gauche, en haut, en bas, dans les villages. Ah! que j'aime tout cela! Et toi?

RENÉ. — Moi, je n'aime que toi. Tu n'as pas frais? Tu ne veux pas que j'aille te chercher ta petite capeline? La blanche?

MATHILDE. — Non. Merci. Je suis parfaitement bien. Je suis contente que tu aies choisi cet hôtel. Le directeur est très comme il faut. Notre femme de service a l'air d'une brave femme. Elle m'a dit qu'elle avait deux enfants. Et quelles belles chambres, avec de l'espace, des placards! Sais-tu aussi que c'est tout à fait commode, ce système de persiennes qu'ils ont ici! Malgré le soleil, on est au frais. Qu'est-ce que tu penses de ce vin du pays?

Moi, je le trouve délicieux. Nous pourrions peut-être en faire venir un petit fût. Oh! oh! encore une qui vient de filer! Tu n'as pas vu? Tu n'as pas vu? Elle a traversé le ciel comme un oiseau.

RENÉ. — Tu n'as pas formé de souhait?

MATHILDE. — Si, curieux.

RENÉ. — Lequel?

MATHILDE. — Ah! voilà! cela ne te regarde pas. Dis-moi donc: penses-tu que cela se voit énormément que nous sommes des mariés de trois jours?

RENÉ. — Cela ne se voit peut-être pas, mais, certainement, cela se devine.

MATHILDE. — A notre air?

RENÉ. — A notre air. Pourquoi me poses-tu cette question?

MATHILDE. — Parce que j'ai remarqué ce soir, à un certain instant, que les garçons souriaient d'un air d'esprits forts, pendant que tu me versais à boire. Et puis, à propos, as-tu entendu, un peu après la crème renversée, la conversation de la dame anglaise avec sa fille, cette petite de seize ans?

RENÉ. — Non. Tu oublies que j'ai eu trois ans de suite le premier prix à Stanislas. Je ne sais donc pas un mot d'anglais.

MATHILDE. — Eh bien! l'enfant dit à une minute: « Cela me démange trop, il faut que je me gratte! » Là-dessus, sa mère rougit et, d'un ton révolté: « Qu'est-ce que ce mot, Annie? C'est affreux! — Mais, maman, que dois-je dire? Que peut-on dire? — Rien, Annie; vous pouvez, à l'extrême rigueur, dire : « Je suis mordue », mais pas plus. » Qu'en penses-tu?

RENÉ. — Oui, en Angleterre, ils poussent très loin la décence.

MATHILDE. — Tu m'y mèneras, un jour. Plus tard.

RENÉ. — Je ne dis pas non. C'est toi qui parleras.

MATHILDE. — Ça ne me fait pas l'effet d'être un pays pour rêver et s'aimer.

RENÉ. — Pas beaucoup.

MATHILDE. — Cependant, ah! qu'il y a dans *Copperfield*, qu'il y a de ravissantes, d'exquises...

RENÉ. — Sans doute, sans doute. Mais, l'Angleterre, c'est, avant tout, un pays pour dépenser. Il faut de la poche et de l'estomac. Peu de cœur.

MATHILDE. — Oh! alors non! ça ne doit pas valoir l'Italie! Voilà un beau pays, l'Italie! Et de braves, d'excellentes gens! Comme on sent bien, rien qu'à les entendre, qu'ils nous aiment nous, la France, les Français, les Parisiens!

RENÉ. — Il ne faudrait pas creuser. Ils nous

détestent. Je t'expliquerai cela plus tard. C'est de la politique.

MATHILDE. — Oui, j'ai entendu, bien souvent, ce pauvre père parler politique à la maison. Il tâchait de faire comprendre à maman. Je me rappelle même une phrase qu'il avait pris l'habitude de répéter : « Le terrain est brûlant ! »

RENÉ. — Eh bien ! pour ici, je te dirai comme ton père: Le terrain est brûlant !

MATHILDE. — Tant pis ! Ils ont tout de même une jolie langue, si musicale, si caressante ; on croirait qu'ils se baignent dedans quand ils la parlent. Rien qu'à l'œil, les mots écrits sont sonores, et doux: *Addio ! Bacci perditi !* J'adore.

RENÉ. — Mais tu prononces très bien. Tu as l'accent !

MATHILDE. — Sans rire, tu trouves ? Dès que nous serons de retour à Paris, j'achète une petite grammaire et je l'apprends. C'est très facile. Jeanne Périssac a appris ainsi l'espagnol, toute seule. Elle avait acheté une petite grammaire, elle me l'a montrée: *Le Nouveau Sobrino.* Tiens, sais-tu comment se dit cache-nez, en espagnol ? *Tapa-boca.* J'ai retenu. Je parle trop. Tu me trouves trop bavarde ?

RENÉ. — Va donc. Va donc, mon chéri. Dis tout ce qui te passe par la tête. Si tu savais, au contraire, comme j'aime t'entendre jaser ! Mais, vraiment, tu ne sens pas la fraîcheur ? Tu ne veux pas rentrer ?

MATHILDE. — Oh ! non ! Nous avons bien le temps. Et puis, on est si bien ici ! Moi, je ne me lasserais pas d'y rester des heures, avec toi.

RENÉ. — Chère petite !

MATHILDE. — Je vais te poser une question.

RENÉ. — Pose.

MATHILDE. — Toi qui les a tous lus, est-ce qu'il y a des romans où l'on ait absolument rendu cela ?

RENÉ. — Quoi cela, mon petit ?

MATHILDE. — Cela. Ce qui nous arrive. Un mari et une femme, jeunes, qui s'aiment et qui sont libres, seuls, une nuit de printemps, au-dessus d'un lac, sous les étoiles, et qui sont très heureux d'être heureux.

RENÉ. — Sans doute, oui, cela a été fait. Je crois bien que cela a dû être fait.

MATHILDE. — Dans un livre. Dans quel livre ? Comment s'appelle-t-il ?

RENÉ. — Mais...

MATHILDE. — Tu me le donneras à lire. Depuis que je suis ta femme, je sens tellement que j'aimerai lire des romans qui me feront encore penser à toi, même s'il ne s'agit pas de toi. Tu veux bien ? Cela ne te contrarie pas ?

Je te parais peut-être un petit cheval échappé. Mais je n'ai pas été élevée gaiement. Jamais les journaux. Quelquefois, *Le Soleil*, cependant. Jamais un mot devant moi. Les crimes même, quand on les racontait, je sentais très bien qu'on les dérangeait. Enfin, je suis une pauvre fillette ignorante. Je n'ai rien vu, rien lu. A présent, il me trotte je ne sais quoi de romanesque par l'esprit ! Ah ! que cela doit être amusant, les beaux romans !

RENÉ. — Mais oui, ma mignonne, tu en liras, je te le promets. Pourtant, ce n'est pas ce que tu crois, va. Si tu t'imagines que tu y trouveras ce que tu cherches, tu te trompes. Aujourd'hui, il n'y a rien de moins romanesque qu'un roman. J'ai l'air de te parler comme si j'avais cinquante ans ; mais la plupart des écrivains actuels ignorent complètement qu'il y a des êtres qui en ont vingt-cinq. Ils ne croient à rien, et ils ne vous font croire à rien, même pas à eux. S'ils nous entendaient parler ce soir, ils se moqueraient bien de nous, va !

MATHILDE. — Pourquoi ? Nous ne sommes pourtant pas ridicules ! Cela ne peut pas être risible de se parler à cœur ouvert, comme nous le faisons, en nous tenant la main. Continue, j'aime t'entendre. Dès que tu t'apprêtes à m'expliquer quelque chose, je suis sûre à l'avance que tu vas avoir raison. Et puis, je veux t'obéir toujours. Tu sais bien que tu feras de ta petite tout ce que tu voudras. Mon vrai, mon seul roman, c'est toi. Je te l'ai dit quand tu as commencé à venir à la maison régulièrement, pour me faire la cour, et qu'on nous laissait seuls après le dîner, sur le petit canapé à lyre, dans le coin. Te souviens-tu ?

RENÉ. — Parle. Va.

MATHILDE. — Et, le soir où tu m'as apporté ma bague..., tout le monde voulait l'admirer à la fois. C'était un jeudi. Il avait plu à torrents.

RENÉ. — Ta sœur Suzanne poussait des cris de joie ; pas moyen de la coucher !

MATHILDE. — J'entends le mot de papa, qui avait mis son pince-nez: « Des folies ! des pures folies ! » Quand tu as été parti, je l'ai mise, ôtée et remise plus de cent fois, et comme je me suis endormie heureuse ! en la serrant, ma main fermée sous le drap, contre mon cœur. Dans mon sommeil, je la touchais, je la sentais: « Elle est là, c'est lui qui l'a choisie ! Elle vient de chez Boucheron. » Voilà des événements qui restent dans la vie. *(Elle regarde sa bague.)* Le fait est qu'elle est bien belle. *(Elle lui met la main sur la bouche.)* Tiens, embrasse-la, tu sais, comme à Monseigneur, au dîner du contrat ? Tu ne dis rien ?

RENÉ. — Je ne dis rien, je t'écoute, je t'écoute et je t'aime. Tu es la plus gentille, la plus... Depuis que je te connais, je ne te vois pas un défaut, si léger soit-il. Tu n'en as qu'un : celui de trop m'aimer, car je doute que je te vaille. Enfin, je tâcherai. Laisse-moi tenir ta main, cette main qui a écrit tant de fois mon nom sur tes carnets de danse. Ah! que je t'ai aimée, mon amour, tout le temps que je n'osais pas te le dire! Que de fois, en valsant, j'ai cru que j'allais te saisir dans mes

MATHILDE. — N'ajoute pas longtemps. Toujours.

bras, les refermer sur toi, et t'emporter à travers les salons dans tes rubans de bal!

MATHILDE. — Tu as bien fait de réagir, il n'en aurait pas fallu davantage pour qu'ensuite papa ne voulût pas de toi.

RENÉ. — Et que tu étais belle quand tu dansais! Et tu l'es toujours, même quand tu ne danses pas.

MATHILDE. — S'il y avait seulement ici deux violons, ah! quel trois-temps au clair de lune sur cette terrasse! Tu valses bien avec moi. Nous allons à ravir ensemble.

RENÉ. — Un soir que je t'ai encore plus aimée que les autres soirs, s'il est possible, c'est dans une petite toilette de tulle mauve très clair, avec une ceinture bouton-d'or, et un ruban mauve à ton cou. Ma jolie petite, que tu avais donc l'air tourterelle! Je me serais mis à genoux devant toi. Ah! la ravissante, la délicieuse robe! Qu'elle t'allait bien! Comme les plis légers tombaient gentiment, noblement, ainsi que des plis Louis XVI, jusqu'à tes mules de satin mauve au bord desquelles luisait ton bas! Qu'en as-tu fait de la toilette mauve? Qu'est-elle devenue? J'aurais voulu, j'aurais bien voulu te revoir avec elle!

MATHILDE. — Je..., je l'ai apportée.

RENÉ. — Tu l'as apportée? Ici! Pourquoi?

MATHILDE. — J'avais bien remarqué qu'elle te plaisait.

RENÉ. — Oh! la fameuse et gentille idée que tu as eue là! Que je t'embrasse!

MATHILDE. — Prends garde. Si on nous voit...

RENÉ. — Qui ça? Les bonnes étoiles? Elles ne diront rien, elles en voient bien d'autres. Je t'embrasse pour moi. Je t'embrasse pour la robe mauve. Je t'embrasse pour l'Italie. Laisse-moi t'embrasser, ma douce. Et puis, tu as la peau toute glacée. Rentrons. Il est très tard. Je ne veux pas que tu prennes froid.

MATHILDE. — C'est si beau. Encore une minute. *(Elle envoie un baiser aux étoiles.)* A demain, mes belles chéries!

RENÉ. — A demain. Regarde-moi bien. Crois-tu que je t'aime? Le crois-tu?

MATHILDE. — J'en suis sûre. Et ce sera toujours ainsi?

RENÉ. — Toujours. Longtemps.

MATHILDE. — N'ajoute pas longtemps. Toujours.

RENÉ. — Toujours. Tu ne bouges pas? Mathilde, qu'as-tu?

MATHILDE. — Rien. C'est en dedans. Je faisais ma prière.

RENÉ. — Tu m'as effrayé. Moi, je rentre. Quand tu...

MATHILDE. — Maintenant, c'est fini. Me voilà!

HENRI LAVEDAN (1).

❧

Mais, après les forfanteries péremptoires de la jeunesse, après les premières et fugitives mesures des sérénades de l'amour, il est nécessaire que le vagabond des yeux et des oreilles, le dialoguiste ambulant s'intéresse à tout ce que lui offrent en plus les attroupements de la rue et de la vie, et les mille dioramas de la grande foire humaine. Entre plusieurs, voici deux petits procès-verbaux rédigés peut-être le même jour, — et, cependant, à une grande distance morale l'un de l'autre, relatant des choses futiles ou douloureuses, qui se jouent dans des milieux très différents, dans celui du plaisir et de la richesse et celui de la souffrance et de la misère, parmi les rassasiés et parmi les

---

(1) Ce dialogue, qui a mis des larmes dans bien des yeux, et après lequel on fit une ovation à l'auteur, est tiré de : *Nocturnes*, éditeur Calmann-Lévy, le volume 3 fr. 50.

affamés, chez ceux qui ont tout et ceux qui n'ont rien. Le premier a pour titre:

AU DESSERT

REINETTE, *quarante-sept ans.*
LE COMTE D'ESTOC, *quarante ans.*
LA COMTESSE D'ESTOC, *vingt-neuf ans.*
LE PRINCE D'ERMENONVILLE, *trente-huit ans.*

Chez le prince d'Ermenonville, à la fin du déjeuner. Ils sont encore à table. Valets de pied immobiles près des dressoirs. La porte s'ouvre, et M. Reinette entre, en habit noir, cravate blanche, rasé, l'air d'un prêtre.

LE PRINCE. — Entrez, monsieur Reinette. On veut vous adresser de gros compliments, et Mme la comtesse d'Estoc désirerait avoir la recette des *perdreaux vautrés à la framboise.*

LA COMTESSE D'ESTOC. — Oui, monsieur Reinette, vous me feriez un vrai plaisir.

LE PRINCE. — Je sais que vous la donnez difficilement; mais j'espère que, pour madame, vous voudrez bien...

REINETTE. — C'est fait; madame aura la recette des perdreaux...

LA COMTESSE D'ESTOC. — Je vous remercie, vous êtes très aimable...

REINETTE. — Je la donne à madame, parce que je sais à qui je la donne...

LA COMTESSE D'ESTOC. — Alors, vous allez me l'écrire?

REINETTE. — Non. Je prierai madame de m'envoyer son chef... Je la lui expliquerai moi-même, verbalement... Il y a deux ou trois recommandations qui ne peuvent pas se faire par écrit. Il faut le geste, la voix et le regard.

LA COMTESSE D'ESTOC. — Je comprends.

REINETTE. — Qui est le chef de madame? Est-ce indiscret de le lui demander?

LA COMTESSE D'ESTOC. — Non. Benjamin Doré.

REINETTE. — Je le connais. Il a nourri trois ans le duc d'Ampoule; il sait, il a de l'adresse et de l'acquis; mais il manque d'idées..., très pauvre d'imagination... Et puis, je regrette de le dire à madame la comtesse, il y a toute une série de choses qu'il n'arrivera jamais à faire, jamais...

LE COMTE D'ESTOC. — Pourquoi?

REINETTE. — Parce qu'il est gaucher, monsieur le comte.

LE COMTE D'ESTOC. — Ah! *(A sa femme.)* Est-ce vrai que Benjamin est gaucher?

LA COMTESSE D'ESTOC. — Je l'ignorais. *(A Reinette.)* Et cela, vraiment, a donc une importance?

REINETTE. — Considérable, madame. Un gaucher voit et sent autrement, et il dénature l'esprit des sauces.

LE COMTE D'ESTOC. — Comme c'est curieux!

REINETTE. — Oui, dans tout art, il y a ainsi mille particularités dont on ne se doute pas.

LE PRINCE. — Ah! c'est que M. Reinette est un artiste!

LE COMTE D'ESTOC. — Et consommé! Nous venons de nous en apercevoir.

REINETTE. — — Considérable, madame. Un gaucher voit et sent autrement, et il dénature l'esprit des sauces.

REINETTE. — J'aime ma carrière. Voilà tout.

LA COMTESSE D'ESTOC. — Eh bien! je vous enverrai Benjamin demain, vers les trois heures, voulez-vous?

REINETTE. — Si cela était égal à madame la comtesse, je préférerais une autre heure...

LA COMTESSE D'ESTOC. — Celle qui vous plaira.

REINETTE. — Oui..., parce que tous les jours, à trois heures, je vais faire un tour au Bois.

LE COMTE. — Vous aimez la marche?

REINETTE. — Je la déteste, monsieur le comte, je ne peux la supporter... Au fond, je suis d'une santé très délicate... Non, c'est

LE PRINCE. — C'est un grand homme!

à cheval que je me promène, sur mon cob..., un très beau cob.

LE COMTE. — Un cob, à vous?

REINETTE. — Oui, monsieur le comte, à moi.

LE PRINCE, à Reinette. — Racontez-leur l'histoire de votre cob, Reinette. (Au comte et à la comtesse.) Vous allez voir, elle ne manque pas de cachet.

REINETTE. — Eh bien! voilà. Il y a deux mois, le marquis de Cremolata est venu déjeuner ici, avec sa femme. A la fin du repas, on m'a fait venir, ainsi qu'aujourd'hui, et le prince m'a prié, pour être agréable à la marquise, de lui communiquer une recette.

LA COMTESSE D'ESTOC. — Celle des perdreaux?

REINETTE. — Non. Une autre: le *salmis de rossignols à la Malibran*. Je l'ai donnée, quoiqu'un peu à regret, je puis l'avouer à présent au prince.

LE PRINCE. — Pourquoi?

REINETTE. — A cause de la Triple-Alliance,

prince; le marquis de Cremolata est Italien, et j'ai le plus profond mépris...

LE PRINCE. — Prenez garde à vos paroles. Je vous défends de...

REINETTE. — Le plus profond mépris pour la cuisine italienne!

LE PRINCE. — A la bonne heure, je croyais que vous vouliez parler...

REINETTE. — Oh! prince! j'attaque quelquefois les idées, jamais les personnes.

LE PRINCE. — C'est bon. L'histoire du cob. Avec tout ça, vous vous égarez!...

REINETTE. — J'y viens. Je donnai donc la recette du salmis à la marquise, elle en fut très touchée; et comme, dans la conversation, je lui avais fait mon compliment de ses chevaux qui sont fort beaux et pleins d'action, je reçus, le surlendemain, — avec un peu d'étonnement, j'en conviens, — une carte de la marquise où elle me priait d'accepter un cob en échange du secret des *rossignols à la Malibran*. Je ne pouvais pas refuser, c'eût été grossier; j'acceptai donc. Le cob est très étoffé, il a six ans, les jambes absolument nettes, je le monte tous les jours, et il fait l'admiration de tous les connaisseurs. Voilà toute l'histoire. Comme vous voyez, elle est bien simple.

LE COMTE D'ESTOC. — J'entends. Mais je dois vous prévenir que nos moyens ne nous permettent pas, comme le marquis de Cremolata...

REINETTE. — Je vous en prie. Je ne suis pas intéressé, vous pouvez le demander au prince.

LE PRINCE. — C'est la vérité.

REINETTE. — Il y a des choses que je ne ferais point, pour tout l'or du monde. Ainsi, je ne sais pas si l'on vous a dit le petit nuage qu'il y a eu, récemment, entre moi et l'ambassadeur d'Allemagne...

LA COMTESSE D'ESTOC. — Non.

REINETTE. — Figurez-vous qu'il voulait avoir une recette, lui aussi.

LE COMTE D'ESTOC. — Celle des « rossignols »?

REINETTE. — Non, encore une autre: le *caneton à la Miribel*. Il m'a fait venir à l'ambassade et il me l'a demandée. Quand il a eu fini de parler, je lui ai dit en souriant: « Excellence, je vous donnerai le caneton à la Miribel quand on nous aura rendu l'Alsace et la Lorraine. » Il l'a mal pris. Avouez qu'il a eu tort.

LA COMTESSE D'ESTOC. — Certes!

REINETTE. — Mais, je le connais, c'est un homme d'esprit, il reviendra! Et puis, après tout, s'il continue à m'en vouloir, tant pis! Moi, voyez-vous, je n'ai besoin de personne, je suis un artiste..., je cherche toujours... Ja-

maïs content..., sans cesse la tête en ébulli-
tion... C'est comme ça que Newton...

LE PRINCE. — Parbleu!

REINETTE. — Souvent, chez moi, le dimanche, à table, avec ma femme, ma fille et
mon gendre, je parais préoccupé..., je ne
mange pas... Parce qu'il faut vous dire que je
mange à peine, ça ne m'amuse pas; ce qui est
intéressant, ça n'est pas de manger l'ouvrage,
c'est de le faire... Alors, ils me demandent
tous: « Qu'est-ce que tu as? — Taisez-vous,
laissez-moi, je travaille. » Ainsi, de ce moment, je rêve quelque chose avec des petites
laitues, d'une manière à moi, une chose servie
de belle couleur, bien habillée... Il me faut
encore quinze jours pour que ça soit tout à fait
au point.

LE PRINCE. — Ah! ah! Et comment ça s'ap-
pellera-t-il?

REINETTE. — C'est que...

LA COMTESSE D'ESTOC. — Nous vous en sup-
plions.

REINETTE. — Les *pluviers en costume.*

LE COMTE D'ESTOC. — Joli, très joli. Vous
devez vous donner beaucoup de mal, je vois
ça.

REINETTE. — Oui et non. Je suis un artiste.
Je pousse ça très loin... Tenez, vous allez
peut-être vous moquer de moi? J'ai travaillé
deux ans chez un évêque, Mgr de Capoue,
rien que pour attraper un moelleux, un fondu
qui ne peut s'acquérir que chez des prélats,
des façons..., des recettes de couvent..., quelque chose comme qui dirait de la cuisine en
latin. Plus tard, j'ai été à Chicago, chez M.
Kill, l'homme qui a le plus de cochons du
monde entier. Seulement, je n'ai pas pu y
rester, à cause du gaspillage qui m'écœurait.
Quand Mme Kill avait envie de manger du
perdreau, il fallait lui faire rôtir vingt perdreaux; on lui servait à part les quarante ailes
sur un grand plat d'or incrusté de rubis, elle
choisissait une aile qu'elle ne faisait que
grignoter, et le reste était perdu. Et puis, c'é-
tait des gens qui mangeaient en un quart
d'heure! Ne me parlez pas des personnes
pressées à table! Ah oui! je peux dire que
j'ai bien souffert chez eux. A présent, ça n'est
plus comparable, c'est le bonheur!

LE PRINCE. — Allons! Nous vous remer-
cions, Reinette, nous n'avons plus besoin de
vous; du reste, je vois à vos yeux que vous
n'êtes plus à la conversation depuis une minute.

REINETTE. — C'est vrai, le prince m'a deviné. Tout en causant, je faisais crever du riz
dans ma tête.

LE PRINCE. — Sauvez-vous bien vite, en ce
cas.

REINETTE, *saluant le comte et la comtesse.* — Monsieur..., madame... la comtesse...

Il sort.

LE PRINCE. — Eh bien! est-ce que je m'a-
vançais en vous affirmant que mon chef était
beau?

LE COMTE D'ESTOC. — Il est beau.

LA COMTESSE D'ESTOC. — Très beau.

LE PRINCE. — C'est un grand homme.

HENRI LAVEDAN (1).

Le second est intitulé : *Départ pour l'Hos-
pice* (2).

❧

J'aimerais bien, à présent, si vous y con-
sentez, qu'avant de nous séparer, revenant

Je me rappelle l'impression singulière et voisine du trouble
que j'éprouvai, étant enfant, à les contempler...

pour une minute sur nos pas, nous retour-
nions au point d'où nous sommes partis ensemble il y a une heure pour regarder avec
une attention plus perspicace qu'au début ces
petits êtres effarants qui s'appellent : les marionnettes.

Je me rappelle l'impression singulière et
voisine du trouble que j'éprouvai, étant enfant, à les contempler pour la première
fois. Avant le spectacle, et le rideau déjà

(1) Ce dialogue, si fin, si spirituel, tiré de: *Les Gens
de Maison,* éditeur Calmann-Lévy, le volume 3 fr. 50,
met les Universitaires en joie. On rit, on applaudit
de tout cœur.
(2) Voir *Les Annales Politiques et Littéraires* du 26
février 1911, page 206.

levé, elles étaient — en paquet d'une douzaine — affaissées en tas sur le plancher de la scène, les unes ayant l'air de se soutenir dos à dos, les autres, tombées sur le ventre ou sur le flanc, bras par-ci, jambes par-là... et de leurs mains, de leurs pieds, du sommet de leur tête flasque, partaient quatre ou cinq fils, des fils noirs. Elles semblaient mortes. Elles l'étaient.

Et puis, brusquement, elles se dressèrent d'un seul coup de reins, se plantèrent debout, se mirent à remuer et à tourner la tête. D'où venait ce prodige? Etaient-ce elles qui s'étaient volontairement animées? Non. Mais quelqu'un avait tiré les fils, et c'est celui-là qui, par une faible saccade de sa puissance, leur avait communiqué le mouvement et la secousse de la vie. Je regardai alors les fils, tout à l'heure si lâches et emmêlés, et, maintenant, dégagés et tendus. Ils montaient, droit dans les airs, jusqu'à des nuages de carton et des bandes de papier d'azur derrière et au delà desquels ils se perdaient..., de telle sorte qu'on n'en voyait rien de plus et qu'on aurait ignoré où ils aboutissaient et qui les tenait, si on n'avait pas su que c'était un homme, un géant, de la large main duquel pendaient, groupés et rassemblés, tous les fragiles et insignifiants petits êtres. Et le merveilleux était que ces créatures de bois et de pâte se montraient, dans leur réduction, proches de moi, de vous, de nous tous..., elles avaient l'air d'être des hommes! Pour avoir été faites par l'homme, taillées, grossièrement et de loin, à son image et à sa ressemblance, elles en participaient; elles n'étaient pas seulement la poupée de l'homme, elles étaient plus et mieux : une poupée humaine qui s'offrait, par cela même, vivante, insufflée d'un esprit et affligée d'un cœur... Aussi n'ai-je pu jamais, depuis, m'empêcher inversement, par suite d'une comparaison qui me persécutait, chaque fois que j'ai regardé des hommes, de penser à des marionnettes. Seulement, celles-là, qui les tenait? Ce ne pouvait être, à coup sûr, qu'une puissance supérieure? *(Applaudissements.)*

Je me souvenais alors des sévères paroles répercutées sous les voûtes de l'histoire religieuse comme des échos de lointaines orgues et, entre autres, celle de Fénelon, que vous savez toutes : « L'homme s'agite et Dieu le mène. » Et, cependant, bien que cette fameuse pensée, ramassée, encadrée dans une phrase-type, parût pouvoir s'adapter à merveille à l'idée de l'homme-jouet, de l'homme-marionnette de la destinée, j'avoue qu'elle ne me satisfaisait pas et que j'osai toujours la trouver inexacte et je dirai presque : injuste, sacrilège.

Une voix me criait qu'il eût été plus raisonnable et plus digne, aussi bien pour l'honneur de la créature que pour le respect dû à son maître, d'écrire que Dieu agite l'homme et que l'homme se mène. Dieu agite l'homme en ce sens qu'il le meut, qu'il lui a fait don du principe de la vie, de la faculté de se mouvoir; mais c'est bien l'homme qui se mène et qui doit se mener, autant que le lui permettent ses faibles forces, qu'il rend si grandes, et le métal de sa volonté.

❧

L'homme a reçu un moteur admirable et divin, mais c'est lui qui le dirige et qui doit le diriger. S'il n'a pas été le mécanicien, il est le chauffeur. Car à se rallier, dans un empressement servile, à la conception, acceptée d'avance, de l'homme cahoté, secoué, tiraillé, mené malgré lui, à l'idée de l'homme-épave et feuille-morte, de l'homme bâton-flottant, nous le ruinons en une seconde, nous lui retirons d'un seul coup tout ce qui construit sa grandeur : le libre arbitre et la responsabilité, le goût de l'effort, l'esprit de lutte et l'appétit du sacrifice, tout mérite et tout démérite. Jamais il ne faut lui laisser dire et lui accorder qu'il n'est pas le plus fort, sans quoi vous savez bien qu'il ne s'autorisera de sa faiblesse que pour en abuser et y croupir étendu, enfoncé dans les plumes de l'inertie, sur les coussins décourageants du fatalisme oriental.

Observez, d'ailleurs, la nature: vous remarquerez que les choses inanimées sont seules, et dans toute l'acception du mot, des jouets, des jouets complets, d'une absolue docilité! Telles que le bouchon celui des flots, la feuille et la poussière ceux du vent... Le bouchon ne connaît pas la révolte et la poussière n'a jamais protesté! Mais, du jour où le roseau est devenu pensant, il a cessé, malgré qu'il plie, d'être le pantin de l'orage. Même battu, tordu, fouetté par la tourmente, il lui tient tête encore en ayant l'air de lui céder, et lui résiste, à la française, en la saluant. *(Longs applaudissements.)*

Ainsi l'homme, quoique marionnette, marionnette divine, n'a rien de commun avec la petite chose inférieure, faussement vivante et sans flamme qui lui donnait, quand il était petit, l'illusion d'une créature pareille à lui.

Sans doute, l'homme aussi a ses fils, et non point quatre, cinq..., des centaines! des milliers! Et, bien qu'ils soient tous invisibles, il ne peut cependant pas les rompre ni s'en détacher. Mais ce n'est que d'une façon relative et particulièrement étrange qu'il est l'inégal esclave de ces lacets mystérieux, car ces fils sont ce qu'il les fait. C'est lui qui, par sa conduite, leur distribue la besogne. Pour peu qu'il se regarde jouer lui-même la comédie journalière et souvent le drame de la vie, rapidement, il s'apercevra que,· selon sa manière d'agir, les fils — les mêmes — lui seront tour à tour funestes ou sauveurs.

Chaque fois qu'il luttera et qu'il s'aidera, les fils le protégeront comme une grille ou l'aideront, le haleront, et, chaque fois qu'il se laissera crouler dans les mauvais chemins, ils le trahiront. Chaque fois qu'il obéira sans résistance à ses instincts mauvais, aux bousculades de ses passions, les fils lui tendront maintes embûches, il butera dedans : malheur à lui s'il tombe! Ceux-ci l'enserreront dans la résille de leurs mailles et l'inextricabilité de leurs filets. Mais, chaque fois aussi qu'enthousiaste de beau, vertigineux de bien, de justice et de vérité, il tentera de s'améliorer, de s'élever, de monter, de quitter ce sol difficile, auquel il sait bien qu'il n'est condamné qu'à temps, les fils, aussitôt complices de son essor, se débrouilleront comme par enchantement, lui redeviendront isolés, doux, soyeux, légers; et, pareils à des rênes de quadrige, le tireront là où il tend de toutes les palpitations d'une âme folle d'espace, d'idéal et de sommets... Et ces mêmes fils qui lui étaient tout à l'heure pièges, liens, chaînes de plomb, deviendront cordes de lyre et rayons de lumière, au point qu'il se croira libre, quoique toujours attaché, et s'imaginera qu'à ses mains, à ses pieds, à ses épaules, à ses bras, à sa

tête, à tous les endroits par où il se sent entraîné et arraché vers les cimes, il lui pousse partout des ailes. *(Applaudissements enthousiastes. On rappelle plusieurs fois l'auteur; les Universitaires l'acclament.)*

HISTOIRE

LE SALON DE L'ARSENAL [1]

Conférence de M. Frantz FUNCK-BRENTANO

13 décembre 1910.

Mesdemoiselles,

Vers l'année 1827 ou 1828, le long bâtiment, d'architecture simple et austère, où se trouve la bibliothèque de l'Arsenal, s'étendait au bord de l'un des bras de la Seine qui le séparait de l'île Louviers. Cette partie du fleuve a été comblée; c'est, aujourd'hui, le boulevard Morland; et, pour troubler le sommeil des bibliothécaires, le roulement des voitures se rendant à la gare de Lyon a remplacé le coassement des grenouilles dont Charles Nodier se plaignait si souvent.

On entre par l'une des trois portes qui, de la rue de Sully, donnent accès à l'Arsenal, — la porte qui se trouve à l'extrémité orientale du bâtiment, — un vestibule dallé en échiquier d'où monte un escalier à rampe et à balustre de pierre dont la cage compte deux étages.

Un visiteur de moyenne taille, un jeune homme, sanglé dans une redingote brune, le cou serré dans une cravate noire qui en fait

<hr>

(1) Pour l'histoire du Salon de l'Arsenal, on lira surtout: Alexandre Dumas: *Mémoires*, chapitre CXXI. — Amaury-Duval: *Souvenirs* (1829-1830): Paris, librairie Plon, in-16. — Edouard Grenier: *Charles Nodier et Musset*, dans *La Revue Bleue*, 3 septembre 1892. — Mme Mennessier-Nodier: *Charles Nodier*; Paris, 1867, in-16. — Michel Salomon: *Charles Nodier et le Groupe Romantique*; Paris, librairie Perrin, 1908, in-16.

plusieurs fois le tour, laissant à peine dessiner le mince filet d'un col blanc, s'arrête au premier, tourne à gauche et sonne à une haute porte, à boutons de cuivre, joignant assez mal. Il est décoré d'un large ruban de la Légion d'honneur; avant qu'on ne soit venu ouvrir, il a retiré son chapeau décou-

Portrait de Charles Nodier, en 1824.

vrant un front élevé, bosselé, que laissent apparaître dans son entier les cheveux ramenés en arrière.

La porte s'ouvre : le visiteur se trouve en face d'une jeune fille vive, gracieuse, rieuse, alerte; elle est très simplement, mais très joliment mise, une jupe à plis droits, assez courts pour laisser paraître les pieds fins, dans les petites mules de chevreau; sur la jupe, un tablier de ménage, mais de la coupe la plus coquette; une partie des cheveux sont roulés en coques qui s'étagent au-dessus des tempes; l'autre partie est ramenée en un chignon haut placé sur l'arrière de la tête et vigoureusement tenu par un peigne en écaille : ce qui dégage une nuque la plus fine et la plus délicate du monde.

Ainsi elle est infiniment jolie, si vive et si preste d'allure qu'elle semble ne peser rien : elle a de grands yeux noirs, de l'expression à la fois la plus mutine et la plus douce, un admirable petit nez, rond et retroussé, un nez à la Roxelane, aurait-on dit cinquante ans auparavant, et ses lèvres, dont l'expression est d'une bonté séduisante, dé-

couvrent deux rangées de dents, menues et blanches, et que l'on voit sans cesse, car leur heureuse propriétaire ne peut dire ou écouter trois paroles sans rire ou sourire, et si franchement qu'elle vous fait participer à son bonheur.

— M. Charles Nodier? demande le visiteur.

— Papa est sorti, répond une voix claire et limpide.

— Pourrais-je écrire un mot?

— Entrez donc, monsieur, je vous prie.

Et le visiteur est introduit par un corridor carrelé, prenant largement jour sur la rue de Sully, dans une grande pièce, carrelée également. La jeune fille est allée chercher de quoi écrire; le visiteur regarde autour de lui. Il est dans une salle à manger, revêtue de boiseries, avec un office dans le fond, à droite. Ces boiseries du xviie siècle portent sculptés des trophées militaires, qui rappellent les premiers occupants du logis, les grands-maîtres de l'artillerie; lambris peints en ocre jaune et vernis. L'ameublement se compose d'une table et d'un buffet de noyer et de chaises de paille; mais tout y est frotté, nettoyé, ciré, tout y brille et reluit : on dirait un intérieur flamand.

La jeune fille est revenue avec du papier et une écritoire. Le visiteur s'assied: la plume d'oie grince sur la feuille blanche; il signe « Victor Hugo ».

Le poète, à son aurore, venait remercier Charles Nodier d'un article que, quelques jours auparavant, il lui avait consacré. (Applaudissements.)

Suivons, peu de temps après, un second visiteur. Un jeune homme encore, mais d'une élégance brillante et flamboyante, portant beau, haut de taille, large d'épaules, les cheveux crépus; à la jeune fille qui vient lui ouvrir, il jette, d'une voix claironnante :

— M. Charles Nodier?... Veuillez annoncer Alexandre Dumas.

— Papa est là, monsieur, mais il est si occupé; je vais voir s'il peut vous recevoir.

Par une porte qui s'ouvre sur le mur du fond de la salle à manger, face aux fenêtres, Dumas est introduit dans un couloir obscur, deux mètres de large sur trois de long, qui conduit au salon : haute et vaste pièce de forme carrée, toute en boiseries blanches du plus beau style Régence, sculptées en fleurs, en rinceaux et en rocailles, de l'aspect le plus gracieux et le plus élégant; tout, ici, est blanc, du blanc le plus pur. Avec curiosité, Alexandre Dumas examine les moindres détails de cette pièce déjà célèbre sous le nom de « Salon de l'Arsenal ». Deux grandes fenêtres, opposées à l'entrée, donnent sur le bras de la Seine qui sépare la bibliothèque de l'île Louviers.

Il s'en approche et considère un instant l'île oblongue, avec ses berges et sa ceinture de tremblants peupliers, avec ses pittoresques chantiers de bois.

« Le soir, écrit Marie Nodier, dans la saison des chaleurs, le murmure de l'eau presque dormante et le coassement des grenouilles donnent à tout ce paysage, derrière lequel on ne cherche pas à deviner le faubourg Saint-Marceau, une teinte rustique, isolée et sereine. Que de douces heures, belles comme un beau rêve, se sont écoulées tranquillement sur ce balcon de l'Arsenal, à cent cinquante lieues de Paris ! »

Puis, Dumas considère, entre les rideaux de casimir rouge bordé de laine jaune, qui encadrent les fenêtres du salon et dont les plis tombent droit, le tableau, paysage de style romantique représentant une vue des Alpes, œuvre de Régnier, qui est accroché au trumeau, d'où il fait vis-à-vis au portrait du maître de céans, de Charles Nodier, par Paulin Guérin, qui se trouve pendu au mur opposé, à droite de l'entrée, dominant un canapé recouvert de casimir rouge à bordure de laine jaune, c'est-à-dire d'une tenture semblable à celle des rideaux.

Le mur qui règne perpendiculairement au côté gauche de l'entrée a un renfoncement semblable à une alcôve : là, a été placé le piano de Marie Nodier, la fille du poète-bibliothécaire; et le soir, quand elle y jouera, une foule de jeunes gens, de jeunes filles, ses amis, s'y grouperont autour d'elle en un essaim animé et bourdonnant, comme dans les ruelles du temps jadis.

Dans l'encoignure de droite, la statue de Henri IV enfant, moulée sur l'original de Bosio; de chaque côté de la cheminée, qui fait face au piano et à l'alcôve, deux fauteuils, tendus aussi de casimir rouge bordé de jaune; ajoutez une dizaine de chaises recouvertes de la même façon; sur la cheminée, entre deux lampes, sera, plus tard, placé un buste de Victor Hugo.

Devant la fenêtre de droite est dressée une petite table de jeu, à droite de laquelle une porte donne accès au bureau de Nodier; un bureau, qui sert aussi de chambre à coucher, où le charmant et érudit bibliothécaire de l'Arsenal rêve et travaille parmi des amoncellements de livres, de manuscrits et de papiers.

Par cette porte, Marie Nodier a disparu,

rapide comme l'éclair, pour annoncer le visiteur.

« — Père, il y a là un monsieur qui est déjà venu te voir la semaine dernière; faut-il le faire entrer?

» — Tu ne sais pas ce qu'il me veut?

Marie Nodier, crayon Achille par Devéria, appartenan à Mlle Tècle Mennessier-Nodier.

» — Je ne lui ai pas demandé, naturellement.

» — Et son nom? tu ne le lui as pas demandé non plus?

» — Si fait : il s'appelle Alexandre Dumas.

» — Alors, c'est bien. Je sais ce qu'il me veut. Dis-lui que je suis sorti.

» — Mais, dit Marie, plaidant la cause du visiteur, il est homme de lettres.

» — Parbleu! Qu'est-ce qu'il serait? Tiens, je t'en prie. Trouve quelque chose; dis-lui que tu as eu la maladresse de m'égarer, mais tâche de m'en débarrasser.

» J'allai rejoindre M. Dumas, un peu confuse, un peu ennuyée... J'essayai d'adoucir de mon mieux le refus que je sentais sans appel...

» — Je vous remercie, mademoiselle, me répondit-il, en me saluant avec un bon sourire, je ne suis pas facile à décourager, allez! Je reviendrai.

» Deux ou trois jours après, il revint, en effet.

» — Eh bien! mademoiselle, votre impression, s'il vous plait? Pensez-vous que je serai plus heureux, aujourd'hui?

» — Je n'en sais rien, monsieur; mais je

Alexandre Dumas en 1830.

vais, au moins, faire tout ce qui dépendra de moi pour cela.

» Je m'en allai trouver mon père. Je pris un ton câlin :

» — Dis donc, père, c'est le monsieur de l'autre jour.

» — Qui ça?

» — M. Alexandre Dumas.

» — Encore! Diantre! cette fois-ci, il va falloir dire que je suis mort.

» — Il me semble qu'il serait plus simple de le recevoir.

» — Tu trouves ça simple, toi! Tu es charmante! Il vient me demander cent sous, tu comprends; quand je les ai, je les lui offre volontiers; mais, quand je ne les ai pas, fais-moi le plaisir de m'enseigner ce que tu veux que j'en fasse?

» — Ce monsieur-là, il vient te demander cent sous?

» — Tu l'as dit.

» — Comment! ce jeune homme de belle et aimable mine?...

» — Il n'est pas jeune, d'abord, et il n'a jamais eu la mine aimable. Il a l'air d'un vieux marchand de contremarques qu'il est,

je le suppose; quant à recevoir l'aumône, je t'en réponds. Tu n'as qu'à prendre la peine de faire une fouille dans la corbeille à papier, tu y trouveras dix autographes signés du double nom que tu protèges, et, si tu conserves l'ombre d'un doute sur ses intentions, c'est que ton obstination a la vie dure.

» — Parfait. Comme nous ne nous entendons pas, évidemment, la seule manière d'en finir, c'est d'aller chercher M. Dumas, et j'y vais.

» — Alors, apporte-moi cent sous, reprit mon père avec résignation.

» La durée de la communication avait fait deviner à celui qui m'attendait à quel point l'action avait été chaude. Quand il vit que je le priais de me suivre, il me dit en riant :

» — J'ai bien à vous remercier, mademoiselle, car il paraît que ça n'a pas été sans peine.

» Tout en le conduisant à un fauteuil auprès du lit (Nodier était couché), je ne quittais pas mon père des yeux pour me rendre compte de ce qui allait se passer.

» Le sourire gouailleur avec lequel il s'était préparé à accueillir la cause et la preuve de ma bévue s'effaça peu à peu à mesure que la grande taille de celui que je m'étais chargée d'introduire se déployait devant lui et ne tarda pas à être remplacé par un air de stupéfaction profonde.

» — Eh bien! lui dis-je à demi-voix en enlevant une partie des volumes et des journaux qui encombraient son lit, il me semble que ton Alexandre Dumas et le mien, ça fait deux!

. . . .

» Une demi-heure plus tard, Alexandre Dumas — le vrai — avait produit son effet ordinaire. Charles Nodier en était fou, et, ne pouvant pas l'accompagner à sa sortie, il lui criait, du fond de son alcôve :

» — Au revoir et pardon, cher monsieur Dumas, nous nous reverrons bientôt, n'est-ce pas? En attendant, si vous m'en croyez, défiez-vous de ce diable d'homme qui s'intitule « de lettres », et qui s'appelle comme vous. (Rires. Vifs applaudissements.)

» On touchait à l'heure où le succès d'Henri III allait placer ce grand nom à l'abri des erreurs de l'homonyme.

» Le dimanche suivant, il fut présenté à ma mère, et, sans le savoir encore, nous fêtâmes, dès ce jour-là, à la table paternelle, la naissance d'une de ces amitiés granitiques que n'altérèrent ni le temps, ni la mort, ni même la gloire, et qui se transmettent, inébranlables, de génération en génération. »

Mais rentrons au salon.

Dans le coin opposé à celui qui était percé d'une porte ouvrant sur la chambre de Nodier, une porte exactement pareille donnait sur un corridor, éclairé à droite d'une fenêtre découvrant également la Seine et l'île Louviers; sur la gauche, une baie vitrée donnait accès à la chambre de la jeune fille, chambre modeste, petite, obscure, puisqu'elle ne pou-

Nodier et au groupe romantique. Parmi ces poètes et ces artistes, hantés d'idéal et possédés de lyrisme, quelques-uns échevelés et délirants, elle représentait l'équilibre de la raison et prononçait des mots d'un réalisme savoureux. Elle prodiguait autour d'elle les conseils d'économie domestique, même de cuisine, et osait engager les jeunes filles à se mettre en état de surveiller le pot. Elle soi-

Le Salon de Charles Nodier à l'Arsenal, d'après TONY JOHANNOT.

vait prendre jour au dehors; enfin, face à la porte du salon, l'entrée de la chambre de Mme Nodier. Cette dernière pièce, très simple encore : sur la cheminée, ou bien aux murs, quelques souvenirs de famille; un grand lit au fond d'une alcôve qui pouvait se fermer entièrement par des rideaux tombant; un ou deux fauteuils : et tout, ici encore, récuré, nettoyé, lissé, ciré et frotté jusque dans les moindres recoins. On se serait miré sur les rebords de la table ou bien aux chambranles de la cheminée en marbre poli.

« C'était une figure non banale que Mme Nodier, écrit M. Michel Salomon, dans le très beau livre qu'il a consacré à Charles

gnait le sien à merveille et l'on rendait témoignage à son art de sucrer les entremets. Vigilante ménagère, elle avait l'œil ouvert à tout. Lorsque, dans le mouvement de la causerie, Nodier laissait son pantalon remonter un peu trop le long de ses maigres jambes croisées, elle allait le rabattre sur ses chevilles. Voilà qui la peint au naturel, attentive aux petits détails matériels, négligés par son mari, et, conséquemment, positive, comme sa sœur, Mme de Tercy, qui, parmi tant d'art, de poésie et d'élégance, ne craignait pas de se montrer en bonnet comtois tuyauté, sans cesse un tricot à la main. Auprès de Charles Nodier, tout en rêverie, en flânerie, en causerie nonchalante, auprès de leur fille

Marie, qui, dans le fond de sa nature exquise, avait infiniment de gravité et de tranquillité pratique, mais qui était charmante et douée et vive au point que tant de poésie et d'art et de musique dont elle était entourée ne lui permettait pas alors de ne pas être tout entière à la musique, à l'art et à la poésie; auprès d'eux, Mme Nodier, minutieuse et ménagère, demeurée, dans le Paris romantique, la vraie bonne femme du pays comtois, faisait un nécessaire et charmant complément. Nodier l'appelait :

» — Cette magicienne qui a guéri toutes les plaies de mon cœur.

» D'autres fois, il disait :

» — Je suis riche d'une femme sans défaut : le plus précieux et, peut-être, l'unique bien de la vie. » *(Vifs applaudissements.)*

Mme Nodier a été pour beaucoup dans la nonchalance pittoresque qui a fait le charme incomparable de Charles Nodier, ou, du moins, par la diligence ménagère dont elle l'entoura toute sa vie, elle permit à cette nonchalance de subsister.

❖

Charles Nodier était né à Besançon, le 29 avril 1780. Son père, Antoine Nodier, avait acquis du renom dans l'enseignement des lettres; il était au barreau quand éclata la Révolution. Nous ne suivrons pas Nodier dans sa vie pittoresque et agitée jusqu'à la Restauration. Ce fut le 3 janvier 1824 que, par les soins du baron Taylor, il fut nommé bibliothécaire de Monsieur, c'est-à-dire du comte d'Artois, en remplacement de l'abbé Crozier, qui venait de mourir. Car la bibliothèque de l'Arsenal était, en réalité, la bibliothèque du comte d'Artois, achetée par lui, sous l'ancien régime, au marquis de Voyer de Paulmy d'Argenson.

Nodier avait quarante-cinq ans.

Il était grand et vigoureux. Nul écrivain ou lettré à Paris qui ne connût sa figure anguleuse et grave, à la bouche grande qui se plissait sous un sourire un peu triste avec une expression de profonde bonté : de ses yeux bleus tombait un regard, vif et las, tout à la fois, sous les lourdes paupières et les sourcils broussailleux; sa démarche pensive et fantasque, son pas rapide et aventureux, attiraient l'attention. C'était surtout sur les quais qu'on le rencontrait, arrêté aux étalages des bouquinistes, retournant entre ses doigts les vieux livres, les feuilletant, en faisant sonner le papier dont il examinait les vergeures distantes et profondes, frottant de sa paume les reliures piquées des vers, en tâtant les nervures cordonnées.

Il avait touché à tout, il s'était intéressé à tout, depuis l'entomologie jusqu'à la philologie et l'histoire.

« C'est un savoir effrayant, dit un contemporain, et à tel point qu'il ne sait pas lui-même le nombre de livres qu'il a faits. »

Successivement, il avait eu toutes les opinions, il les avait encore, et simultanément, et toutes avec une égale sincérité : classique et romantique, fouriériste et catholique, royaliste et révolutionnaire, érudit et poète; — mais poète et romantique surtout.

Il avait été l'un des premiers Werthériens, revêtant, pour que nul n'en ignorât, un habit bleu céleste et des culottes jaune clair. Werther avait été pour lui « le type essentiel et complet de l'homme jeune des siècles nouveaux ». Avec des amis aussi romantiques que lui: Maurice Quaï, Alexandre Hue, Grault et quelques autres, on se réunissait pour lire *L'Ecclésiaste* et *L'Apocalypse*, « la plus sublime poésie, s'écrie Nodier, qui ait jamais été sous le soleil ». On écoutait cette poésie, assis en rond sur des tapis ornés d'arabesques, en fumant du tabac d'Orient dans des pipes de bambou.

Une autre fois, les compagnons se retrouvaient au monastère de Sainte-Marie, près de Passy.

« Il faisait un temps superbe, écrit Nodier. Le soleil, à son midi, brillait au-dessus des tours et au milieu des ruines. Je descendais par un chemin romanesque, entre de vieux bâtiments démolis, et le bruit de mes pas retentissait dans les cavités de la montagne. [Vous cherchez des montagnes à Paris : c'était le Trocadéro.] J'étais heureux, dit Nodier. Nous étions vêtus de tuniques blanches et nos cheveux flottaient sur nos épaules; Nous étions assis sur l'herbe. Nous avons parlé du désert, de l'amitié; nous avons regardé Paris et nous avons pleuré. »

Peut-être serait-il difficile de trouver des raisons raisonnables à ces diverses manifestations; mais pourquoi y chercher des raisons? Ils étaient vêtus de tuniques blanches. Ils pleuraient et ils étaient heureux.

Nodier avait fait représenter à la Porte-Saint-Martin un drame intitulé *Le Vampire*; il avait écrit *Les Tablettes d'un Suicidé*. Dans un de ses romans, *Thérèse Aubert*, les amoureux échangent leurs baisers à travers des feuilles de roses; mais, d'autre part aussi, il a écrit un *Essai Critique sur la Fabrication du Gaz Hydrogène*, un *Traité de Littérature Légale*, un *Dictionnaire des Onomatopées*, et puis *L'Histoire du Chien de Brisquet*, et la légende fantastique de *Trilby* et

La Neuvaine de la Chandeleur. On l'a appelé le « Juif Errant » de la littérature : non, il en était le papillon volant de fleur en fleur, au gré de sa fantaisie :

> O mes amis, quel plaisir de rêver,
> De se livrer au cours de ses pensées,
> Par le hasard l'une à l'autre enlacées,
> Non par dessein, le dessein y nuirait...,

dit Nodier lui-même.

Et il écrivait comme il rêvait ; il écrivait ses rêveries, sans attacher, d'ailleurs, grande importance à son écriture.

— Si j'écris, disait-il, ce n'est pas pour faire des livres ; mais pour en acheter.

Il disait à son ami Rahon :

— Un homme qui paye sa dette à la société avec un rabot, je l'honore et je le comprends ; mais de quelle utilité peut bien être à soi et à son espèce l'individu dont l'outil s'appelle une plume ?

Il objectait à Loève-Veimars, le rédacteur du *Temps* qui lui réclamait ses articles, qu'un cordonnier était un meilleur citoyen qu'un écrivain, à quoi Loève-Veimars répondait :

— Puisque le Ciel ne vous a pas départi assez de génie pour vous faire des souliers, contentez-vous modestement de nous faire des articles.

Au fait, ce n'est pas par sa plume que Nodier a charmé ses contemporains, mais par sa parole, par sa causerie.

« Sa plume, écrit son ami Edouard Grenier, a laissé des œuvres exquises, sans doute, et quelques pages qui ne périront pas ; mais pas un livre qui le contienne en entier... La conversation seule l'a exprimé ; seule, elle donnait l'idée de cette nature si originale et si merveilleusement douée. C'est à lui surtout qu'il faut appliquer le mot de Marmontel sur Diderot :

» — Qui ne l'a connu que par ses livres, ne l'a pas connu. »

« En sortant de table, écrit Dumas, Nodier allait s'adosser au chambranle de la cheminée, les mollets au feu, le dos à la glace. Alors, on souriait d'avance au récit prêt à sortir de cette bouche aux lignes fines, spirituelles et moqueuses ; alors, on se taisait ; alors, se déroulait une de ces charmantes histoires de sa jeunesse, qui semblent un roman de Longus ou une idylle de Théocrite. C'était, à la fois, Walter Scott et Penault ; c'était le savant aux prises avec le poète ; c'était la mémoire en lutte avec l'imagination. »

« Non seulement Nodier était amusant à entendre, dit toujours Alexandre Dumas, mais encore il était charmant à voir ; son long corps efflanqué, ses longs bras maigres, ses longues mains pâles, son long visage plein d'une mélancolique sérénité, tout cela s'harmonisait, se fondait avec sa parole un peu traînante et avec cet accent franc-comtois dont j'ai déjà parlé ; et, soit que Nodier eût entamé le récit d'une histoire d'amour, d'une bataille

Charles Nodier et un Jeune-France, par Tony Johannot.

dans les plaines de la Vendée, d'un drame sur la place de la Révolution, d'une conspiration de Cadoudal ou d'Oudet, il fallait écouter presque sans souffle, tant l'art admirable du conteur savait tirer le son de chaque chose ; — ceux qui entraient faisaient silence, saluaient de la main et allaient s'asseoir dans un fauteuil ou s'adosser contre le lambris ; et le récit finissait toujours trop tôt ; il finissait on ne savait pourquoi, car on comprenait que Nodier eût pu puiser éternellement dans cette bourse de Fortunatus qu'on appelle l'imagination. On n'applaudissait pas, non, on n'applaudit pas le murmure d'une rivière, le chant d'un oiseau, le parfum d'une fleur ; mais, le murmure éteint, le chant évanoui, le parfum évaporé, on écoutait, on attendait, on désirait encore. » *(Vifs applaudissements.)*

Et pourquoi Nodier séduisait-il à ce point ses auditeurs ? Par le charme assurément qui se dégageait de lui ; mais plus encore par la conviction avec laquelle il leur récitait ses histoires, et qu'il s'agît des aventures surnaturelles de Trilby, des menues diableries du lutin d'Argail, ou des drames fantastiques de la tombe de l'homme mort.

« Pour intéresser, écrit-il lui-même dans la préface de *La Fée aux Miettes*, il faut d'abord se faire croire, et, une condition indispensable pour se faire croire, c'est de croire. »

Et il citait en exemple *L'Odyssée* : tissu de merveilleuses histoires ; mais, disait Nodier, « le poète est plus merveilleux encore par l'accent de sa sincérité ». Lorsque Al-

Les *Apprêts pour le Bal*, par GAVARNI.

cinoüs, roi des Phéaciens, laisse échapper quelques doutes sur la vraisemblance de tant d'événements étranges, « Ulysse se garde bien de lui répondre par des raisonnements, il se borne à poursuivre son récit ».

— Vous vous souvenez, disait Gérard de Nerval à Dumas, avec quelle conviction notre vieil ami Nodier racontait comment il avait eu le malheur d'être guillotiné à l'époque de la Révolution : on en devenait tellement persuadé que l'on se demandait comment il était parvenu à se faire recoller la tête...

Ajoutez son extrême sensibilité et son besoin d'expansion. Son riant et brillant biographe, M. Michel Salomon, le fait très justement remarquer.

« Du milieu d'écrivains qu'il maudissait en l'aimant, si jamais il se promit un avantage, ce fut, écrivait-il un jour, celui de gagner les cœurs. Il ambitionna de les prendre comme certain de ses héros pêchait, dans les sables du Mont-Saint-Michel, les princesses à pleine résille : son rêve s'accomplit.

Il fut aimé, il l'est encore. On dit : Le bon Nodier. »

Et il se fit aimer parce qu'il aimait.

« Nodier, écrit Dumas, aimait comme le feu réchauffe, comme la torche éclaire, comme le soleil luit ; il aimait parce que l'amour et l'amitié étaient ses fruits à lui, aussi bien que le raisin est le fruit de la vigne. »

Avec cela, prodigue, insouciant, détaché de l'argent. Quand il maria sa fille, lui qui avait atteint à la plus haute situation littéraire, — il entrera à l'Académie le 23 décembre 1833, — il fut obligé, pour pouvoir donner un trousseau à Marie, de vendre sa chère bibliothèque.

Bienveillant au delà de toute expression, il ne fut jamais qu'un critique médiocre, parce qu'il trouvait toujours admirable tout ce qu'il lisait.

Resté attaché aux vieux usages, il n'écrivait qu'avec des plumes d'oie et à la lumière de trois chandelles, — des chandelles, non des bougies, — trois chandelles fichées en triangle sur sa table. Il était fidèle à toutes les traditions dramatiques, au gâteau des rois, au jambon de Pâques, aux crêpes du Carnaval. Il avait horreur des chemins de fer et de toute nouveauté.

Les transformations industrielles heurtaient sa sensibilité. Son intérieur devait avoir un aspect bourgeois réglé sur le traintrain ordinaire : il ne voulait que de l'étain à sa table, pas d'argenterie ; pas de pain blanc, mais du pain bis, et, à toutes les bisques du monde, il préférait la soupe aux choux.

« Il ne traitait légèrement aucune superstition populaire, écrit Mme Victor Hugo ; dîner treize, les salières renversées, le vendredi, les araignées : grands sujets de terreur. Le dimanche, c'était fête, à l'Arsenal. C'était le dimanche que les amis venaient dîner. Venait qui voulait, on n'invitait personne. La maison était aux amis et chacun y montait sans scrupule. Au besoin, on y ajoutait un plat et une rallonge, et l'on se mettait à table avec cette gaieté et cet entrain qu'on ne retrouvera meilleur nulle part. On riait, on oubliait, on était heureux. L'hospitalité cordiale assaisonnait tout et faisait tout excellent, jusqu'aux plats que la cuisinière manquait et qui étaient toujours l'occasion de joyeuses plaisanteries. La cuisinière n'y avait pas mis de sel, Nodier y mettait de l'esprit. »

Nous voici donc conduits par Mme Victor Hugo aux fameux « dimanches » de l'Arsenal.

« Rien n'était plus ravissant, écrit-elle encore, et rien n'a laissé de plus délicieux souvenirs à ceux qui en ont été, que les dimanches de l'Arsenal. C'était une aisance, une facilité et un bien-être qu'on ne peut imaginer sans en avoir été témoins. C'était une atmosphère affectueuse qui enveloppait ces mémorables soirées et qui préparait les cœurs doucement réchauffés à prendre feu à la première étincelle. Plus d'un mariage résulta de ces dimanches. »

Et pouvait-il en être autrement, autour de Nodier, de Mme Nodier et de Marie?

Nodier rentrait de sa promenade sur les trois ou quatre heures. Aussitôt, sa fille se précipitait sur lui et entreprenait sa toilette : car, comme Villemain, — la remarque est de Dumas, — Nodier se laissait habiller et pomponner par sa fille. Une fois son père en ordre, Marie, dans sa petite chambre obscure, allait s'habiller à son tour.

« A six heures, dit Dumas, la table était mise, — dans la salle à manger que nous connaissons. Trois ou quatre couverts, en plus des couverts de famille, attendaient les dîneurs de fondation. Trois ou quatre autres couverts attendaient les dîneurs de hasard. Les dîneurs de fondation étaient Cailleux, le directeur des Musées, le baron Taylor, Francis Wey, dont l'accent franc-comtois faisait second dessus de celui de Nodier, et Dauzat. Les dîneurs de hasard étaient Bixio, le grand Saint-Valéry et moi.

» Quelques autres encore.

» Mais malheur à celui qui arrivait le treizième! Celui-là dînait impitoyablement à une petite table, à moins qu'un quatorzième convive, encore plus inattendu que lui, ne vînt le relever de sa pénitence. »

A la fin du dîner, on servait le café à la table même.

« Pendant cet épilogue, écrit Dumas, Mme Nodier se levait avec Marie pour aller éclairer le salon. Moi, qui ne prends ni café ni liqueur, je les suivais pour les aider dans cette tâche, où ma longue taille, qui me permettait d'allumer les quinquets sans monter sur les fauteuils, leur était bien utile. Il va sans dire que, si Saint-Valéry était là, comme il avait un pied de plus que moi, la charge d'allumeur lui revenait de droit. »

Saint-Valéry était, comme Nodier, bibliothécaire à l'Arsenal. Il était d'une taille immense. C'est sur lui que Méry fit ce vers :

Il se baisse et ramasse un oiseau... dans les airs!

« L'éclairage du salon était aussi simple que le reste, écrit, de son côté, Amaury-Du-

val : deux lampes sur la cheminée et deux quinquets de chaque côté du portrait de Nodier. Je dois même ajouter que ces deux quinquets donnaient souvent l'occasion à la charmante Marie Nodier de monter lestement sur une chaise, au risque de laisser voir quelque peu son joli pied, pour tâcher de ranimer un moment leur flamme capricieuse. »

« Cinq minutes après l'éclairage du salon,

Victor Hugo à trente ans, par LÉON NOËL.

dit Dumas, entraient Taylor et de Cailleux, d'abord, qui étaient chez eux bien plus que Nodier n'était chez lui; puis Nodier, appuyé au bras de Dauzat, de Francis Wey, ou de Bixio; car, quoique Nodier n'eût guère que trente-huit ou quarante ans à cette époque, Nodier, comme ces grandes plantes grimpantes, qui couvrent toute une muraille de feuilles et de fleurs, avait déjà besoin de s'appuyer sur quelqu'un.

» Derrière Nodier, arrivaient le reste des convives avec Marie dansant, sautant, chantant et riant toujours. » *(Applaudissements.)*

Et les dîneurs attendaient gaiement le flot des invités. Quand je dis « invités », j'emploie une expression impropre : il n'y avait pas d'invitation. Tous les amis de M. et Mme Nodier — et l'on devine s'ils étaient nombreux — étaient toujours invités.

Pas de vestiaire. Les hôtes arrivaient par la salle à manger, éclairée d'une lampe unique, placée sur le poêle; ils entassaient pêle-mêle leurs manteaux et leurs chapeaux sur la table, repoussée près du mur, ou sur les chaises rangées contre la muraille également. Cannes, socques et parapluies étaient mis dans les coins; « car bien peu de nous, écrit Amaury-Duval, pouvaient se donner le luxe d'un fiacre; et ni la pluie, ni la neige, ni rien n'aurait pu arrêter ces jeunes et charmantes jeunes filles et leurs intrépides danseurs ». A la sortie, on s'y retrouvait comme on pouvait, tant bien que mal et plutôt mal que bien.

Et l'on voyait entrer Lamartine, Hugo, Du-

Le Chien de Brisquet,
illustration pour le conte de Charles Nodier.

mas, Balzac, Musset, Vigny, Arvers, Delacroix, le grand sculpteur Barye, les Devéria, les Johannot, Liszt, Emile et Antony Deschamps, Paul Foucher, Jules Janin, Sainte-Beuve, Xavier Marmier, Hetzel, tant d'autres, qu'il serait trop long d'énumérer; et combien de femmes charmantes : Mmes Hugo, Bixio, Jal, Ancelot, Desbordes-Valmore, Tastu...

« On oubliait bien vite, écrit Amaury-Duval, si même on y avait fait attention, la simplicité de l'ameublement, l'insuffisance de l'éclairage, en voyant tourbillonner devant soi, sur un mouvement de valse, toute cette génération de 1830, qui laissa plus tard une trace si brillante »; car ils dansaient tous, Delacroix, Devéria, Dumas et Musset. Ces deux derniers étaient des danseurs passionnés.

Victor Hugo, cependant, ne dansait pas. Amaury-Duval le montre comme perdu dans la gaieté générale, « calme, presque grave; son attitude contrastait avec une figure imberbe, pleine de douceur et de charme ». Il développait devant ceux qui l'écoutaient ses idées sur la transformation de la littérature, les conceptions qui, exposées dans la préface

de *Cromwell,* allaient faire un si grand éclat.

Généralement, c'était Marie Nodier qui était au piano, jouait d'un rythme vif et léger des danses pimpantes, et, dans la crainte que ses mains si fines ne parvinssent pas à marquer la mesure avec une suffisante énergie, un jeune homme de seize à dix-sept ans, blond, la figure éveillée et spirituelle, l'air gamin, l'accompagnait vigoureusement, marquant la cadence au roulement d'un tambour... C'était Alexandre Dumas fils. Et à jouer ainsi du tambour, pour accompagner les valses et les contredanses de Marie Nodier, il montrait un talent dont il était très fier et dont son père, l'auteur immortel des *Trois Mousquetaires,* qui tourbillonnait parmi les danseurs, n'était pas moins fier que lui...

« Dans l'intimité, dit Marie Nodier, on appelait mon joueur de tambour le petit Dumas : il a grandi. »

Mais la jeunesse ne se mettait à danser qu'à partir de dix heures. On avait commencé par causer; et vous imaginez le charme et l'incomparable idéal de la conversation dans un pareil milieu. Debout contre la cheminée, Nodier disait l'histoire de Fleur des Pois ou la fin tragique du chien de Brisquet, ou des souvenirs d'enfance; ou bien, il parlait de la vie des insectes qu'il savait si bien. Quand il avait terminé son récit, il se laissait doucement glisser, du chambranle de la cheminée, sur son grand fauteuil; il souriait, il se tournait vers Lamartine ou vers Hugo :

— Assez de prose comme cela; des vers, des vers, allons!

« Et, dit Alexandre Dumas, sans se faire prier, l'un ou l'autre poète, de sa place, les mains appuyées au dossier d'un fauteuil, ou les épaules assurées contre le lambris, laissait tomber de sa bouche le flot harmonieux et pressé de sa poésie... »

Et quelle poésie!

Là furent dites, pour la première fois, les plus pures merveilles de l'éclosion romantique.

On applaudissait.

Quelques joueurs s'étaient assis à la petite table d'écarté placée dans l'embrasure de la fenêtre. Enfin, sur le coup de dix heures, Marie sautait à son piano; les cavaliers invitaient les danseuses, cependant que, discrètement, le bon Nodier disparaissait par la porte de sa chambre pour aller se coucher.

La valse ou les contredanses étaient dans tout leur entrain, quand on voyait la bonne Mme Nodier traverser le salon, parmi les groupes qui tournaient, évitant à grand'peine d'être heurtée en tenant à la main une bassinoire destinée au lit de son mari.

Cette gaieté, ces jolis tourbillons, cette joie jeune et charmante, duraient jusqu'à une ou deux heures du matin, où chacun allait faire comme, trois ou quatre heures auparavant, le bon Nodier, c'est-à-dire se mettre au lit. *(Applaudissements prolongés.)*

Des soirées de l'Arsenal, combien nous avons de descriptions, dues aux plumes les plus brillantes; je n'en retiendrai qu'une : elle est en vers, rimée par le plus grand des poètes; les contemporains en attestent l'exquise précision.

« Bien des années plus tard, en 1843, Nodier envoyait des vers à Musset, qui lui répondit, écrit Edouard Grenier, dans ce joli rythme inégal, à vive allure, qu'il aimait tant, traçant le tableau le plus vrai et le plus piquant de l'Arsenal de 1830, avec le portrait le plus délicieux du vieux Nodier. »

Ta Muse, ami, toute française,
Fort à l'aise,
Me rend la sœur de la santé :
La Gaité.

Elle rappelle à ma pensée
Délaissée
Les beaux jours et les courts instants
Du bon temps.

Lorsque, rassemblés sous ton aile
Paternelle,
Echappés de nos pensions,
Nous dansions.

Gais comme l'oiseau sur la branche,
Le dimanche,
Nous rendions, parfois, matinal
L'Arsenal.

La tête coquette et fleurie
De Marie
Brillait comme un bluet mêlé
Dans le blé.

Tachés déjà par l'écritoire
Sur l'ivoire,
Les doigts légers allaient sautant
Et chantant.

Quelqu'un récitait quelque chose,
Vers ou prose,
Puis, nous courions recommencer
A danser.

Chacun de nous fut un grand homme,
Ou tout comme,
Apprenant plus vite à l'aimer
Qu'à rimer.

Alors, dans la grande boutique
Romantique,
Chacun avait, maitre ou garçon,
Sa chanson ;

Nous allions, brisant les pupitres,
Et les vitres,
Et nous avions plume et grattoir
Au comptoir.

Hugo portait déjà dans l'âme
Notre-Dame,
Et commençait à s'occuper
D'y grimper.

De Vigny chantait sur sa lyre
Ce beau rire
Qui mourut sans mettre à l'envers
Des bas verts.

Antony (1) battait avec Dante
Un andante.
Emile (1) ébauchait, vite et tôt,
Un presto.

Sainte-Beuve faisait dans l'ombre,
Douce et sombre,
Pour un œil noir, un blanc bonnet,
Un sonnet.

Et moi, de cet honneur insigne
Trop indigne,
Enfant par hasard adopté
Et gâté,

Je brodais des ballades, l'une
A la Lune,
L'autre à deux yeux noirs et jaloux
Andalous.

Cher temps, plein de mélancolie,
De folie,
Dont il faut rendre à l'amitié
La moitié !

Pourquoi, sur un flot où s'élance
L'Espérance,
Ne voit-on que le Souvenir
Revenir ?

Ami, toi qu'a piqué l'abeille,
Ton cœur veille,
Et tu n'en saurais ni guérir
Ni mourir ;

Mais comment fais-tu donc, vieux maître,
Pour renaître ?
Car tes vers, en dépit du temps,
Ont vingt ans.

____

(1) Deschamps.

Si jamais la tête qui penche
Devient blanche,
Ce sera comme l'amandier,
Cher Nodier ;

Ce qui le blanchit n'est pas l'âge
Ni l'orage,
C'est la fraîche rosée en pleurs
Dans les fleurs.

Août 1843.

Alexandre Dumas raconte ses débuts à l'Arsenal.

« Vers la fin de 1829 ou 1830, écrit-il, nous fûmes conviés à une soirée chez Nodier. Un jeune homme de vingt-deux à vingt-trois ans devait y lire quelques fragments d'un livre qu'il achevait de faire imprimer. Ce jeune homme portait un nom alors à peu près inconnu dans les lettres... Vers dix heures, il arriva : de taille ordinaire, mince, blond, avec des moustaches naissantes, de longs cheveux bouclés, rejetés en touffe d'un côté de la tête, un habit vert serré à la taille, un pantalon de couleur claire... Appuyé à l'angle de la cheminée, il lut, d'une voix tranquille et d'un air détaché :

Je n'ai jamais aimé, pour ma part, ces bégueules
Qui ne sauraient aller au Prado toutes seules,
Qu'une duègne, toujours, de quartier en quartier
Talonne, comme fait sa mule un muletier ;
Qui s'usent, à prier, les genoux et la lèvre,
Se courbant sur le grès, plus pâles, dans leur fièvre,
Qu'un homme qui, pieds nus, marche sur un serpent,
Ou qu'un faux monnayeur au moment qu'on le pend.

Alfred de Musset lisait *Don Paez. (Applaudissements.)*

De Marie Nodier, tout le monde était amoureux : jolie, légère, gracieuse, bonne, active à faire plaisir, se dévouant à tous, modeste et simple. Elle faisait des vers aussi bien que les meilleurs poètes ; composait des mélodies qu'elle chantait avec un charme entraînant ; faisait danser, valser, chanter, rire et rêver, tout et tout le monde autour d'elle ; elle était heureuse d'un bonheur qui ne se doutait pas qu'on pût ne pas être heureux, et ce bonheur, elle le répandait, comme une fleur répand ses couleurs et son parfum.

Victor Hugo la saluait : *Ave Maria, gratia plena.*

Jules de Rességuier, l'un des poètes de *La Muse Française*, adressait ce sonnet à Charles Nodier :

Au vieux savoir, Nodier, tu retrempes ton âme,
Aux reliques des arts, dévotement, tu crois.

Tu peux de nos vélins garder la chaste flamme :
A ce poste d'honneur le monde sait tes droits.

C'est Quélen protégeant l'autel de Notre-Dame,
C'est Berryer défendant le spectre de ses rois,
C'est Bayard, autrefois, gardant notre oriflamme,
Ou saint Bernard gardant l'étendard de la croix.

Eh ! pourquoi, de nos jours, dans ce que tu composes,
Pourquoi dans tes écrits ce souffle pur des roses ?
Pourquoi cette harmonie et ces fraîches couleurs ?

C'est qu'une jeune fille, au doux nom de Marie,
Qui chante comme toi, qui, pour toi, veille et prie,
Fait tomber sur ton front ses baisers et ses pleurs.

Éloigné d'elle, Emile Deschamps lui écrivait :

Riche des mille dons des poètes rêvés,   [cense,
N'allez pas croire, au moins, quand chacun vous en-
Que vous soyez parfait en tout point : Vous avez
Quelque chose de très disgracieux : l'absence.
Je crie... et les échos rediront sur vos pas :
« Comme il est long *ici*, votre séjour *là-bas*. »

Achille Devéria a fait son portrait plus de dix fois, et, à chaque fois, son crayon a réalisé un petit chef-d'œuvre ; elle avait un album, auquel les plus grands écrivains étaient heureux de confier leurs pensées ; pour lequel les plus grands artistes apportaient esquisses et aquarelles ; sur lequel Arvers écrira son immortel sonnet : fait pour elle, confiera-t-il à son ami Edouard Grenier.

Parmi cette société jeune et turbulente, joyeuse et radieuse, enivrée de vie et de gloire, les yeux de la charmante jeune fille crurent-ils un instant trouver plus de lumière à l'un ou à l'autre rayon ? Elle le dira elle-même, plus tard, avec une tranquillité sereine, dans des vers d'une beauté et d'une pureté sans pareilles et qui font monter les larmes aux yeux de celui qui en considère le sentiment si sincère et si profond. Fier et gracieux, et presque encore un enfant, timide, farouche, avec la lumière du génie sur le front, Alfred de Musset, en passant dans l'ombre de la jeune fille, avait fait parvenir jusqu'à elle le charme de son rayonnement.

Puis, il avait disparu, délaissant le salon de l'Arsenal ; honteux peut-être, dans la vie de dissipation où il se laissa entraîner, de se retrouver devant tant d'idéale et d'exquise pureté.

Et Marie Nodier se maria, en 1831, à l'âge de vingt ans ; elle fit un bon et beau mariage, où elle mit sa confiance, sa fierté et son cœur. Elle épousa Jules Mennessier, fonctionnaire aux finances, un Lorrain, d'une race de militaires et d'artistes, appartenant à une famille française jusqu'aux moelles, qui donnait à la patrie une pléiade de peintres et de soldats, parmi lesquels trois officiers tombés, en 1859, à Solferino et à Magenta. Et rien n'est plus beau que l'union intime qui va se nouer entre les deux familles, Mennessier et Nodier, dont les noms, aujourd'hui portés si dignement par leurs descendants, se trouvent désormais unis, pour la joie des lettres françaises. Mennessier était, pour Nodier, un véritable fils, et Nodier disait :

— Marie n'a pas de belle-mère ; elle a deux fois une mère.

Et Marie ajoute :

— C'était vrai.

Le départ de Marie enleva au salon de l'Arsenal beaucoup de son charme, partant, de son éclat. La petite fée était absente ; car Nodier, qui aimait tant les contes de fées, avait eu, là, sous la main, un conte de fées véritable. Plus tard, Emile Deschamps, recevant un mot de Mme Mennessier, sentirait, à la seule vue de l'écriture, se réveiller les chers souvenirs.

« J'ai cru entendre, lui écrit-il, résonner à mon oreille comme les clochettes d'or de je ne sais plus quel paradis. »

Fontaney lui écrira de Londres, le 31 août 1835 :

« Oh ! tenez, cette maison de l'Arsenal, je vous le jure, la main sur le cœur, ce n'est qu'elle que je regrette de Paris ; car le reste — qu'importe ! Mais ce petit coin écarté de la ville, cette extrémité cachée du boulevard, où, au bout de mes journées les plus sombres, j'étais sûr de rencontrer toujours un accueil si cordial, tant d'amitié sincère, d'où je revenais calme et consolé..., jamais ma mémoire ne cessera de m'y ramener. »

Cependant, Marie Nodier, devenue Mme Mennessier, n'avait pas abandonné entièrement le salon de son père

« Au printemps de 1843, écrit Edouard Grenier, parmi les vers que j'apportai à Nodier, figurait un sonnet à l'adresse de Musset.

» — Laissez-le-moi, me dit Nodier ; il peut nous rendre un vrai service : depuis quelque temps, Musset nous néglige et semble nous oublier ; votre sonnet pourra le ramener. Ma fille va le lui envoyer, et il faudra bien que l'ingrat revienne, ou dise pourquoi il nous boude.

» Je laissai, naturellement, le sonnet entre les mains de Nodier. Mme Mennessier l'envoya à Musset avec une lettre d'elle. Musset accourut. Il trouva la jeune femme assise au coin de cette vieille cheminée de l'Arsenal, entourée des blancs lambris, au coin de la cheminée où, plus d'une fois, ils avaient jadis échangé leurs rêves et leurs émotions de jeunesse, en quel divin langage, vous l'imaginez, avec quelle délicatesse de sentiment, vous l'imaginez encore. Voici que la

Marie Nodier dans une loge, au théâtre,
par Achille Devéria.

jeune femme a trente-deux ans, le poète en a trente-trois, et, subitement, les souvenirs de leur première jeunesse refleurissent en eux ; ils jaillissent de leur cœur. A peine rentré chez lui, sous le charme de l'émotion, Musset prend la plume, il écrit à Marie pour fixer l'entretien à peine terminé. Au coin de la cheminée, Musset lui disait :

PREMIER SONNET DE MUSSET

Je vous ai vue enfant, maintenant que j'y pense,
Fraîche comme une rose et le cœur dans les yeux.

A quoi Marie répondait :

Je vous ai vu bambin, boudeur et paresseux,
Vous aimez Paul Foucher, les grands vers et la danse

Et le poète poursuit :

Ainsi nous revenaient les jours de notre enfance,
Et nous parlions déjà le langage des vieux.
Ce jeune souvenir riait entre nous deux,
Léger comme un écho, gai comme l'espérance.

Le lâche craint le temps parce qu'il fait mourir ;
Il croit son mur gâté lorsqu'une fleur y pousse.
O voyageur ami, père du souvenir !

C'est ta main consolante, et si sage, et si douce,
Qui consacre à jamais un pas fait sur la mousse,
Le hochet d'un enfant, un regard, un soupir.

Marie, émue par ce renouveau, prend à son tour la plume et répond au poète par ces vers d'une beauté, d'une simplicité, et surtout d'une moralité émouvantes :

PREMIÈRE RÉPONSE DE MARIE NODIER

La fleur de la jeunesse est-elle refleurie,
Sous les rayons dorés du soleil d'autrefois ?
Mon beau passé perdu connaît-il votre voix,
Et vient-il, l'étourdi, railler ma rêverie ?

Par la chute des jours mon âme endolorie
A laissé ses chansons aux épines des bois.
Du fardeau maternel j'ai soulevé le poids,
J'ai vécu, j'ai souffert et je me suis guérie.

Hélas ! qu'il est donc loin le printemps écoulé !
Que d'étés ont séché son vert gazon foulé !
Que de rudes hivers ont refroidi sa sève !

Mais de votre amitié le doux germe envolé
A retrouvé sa place, et mon cœur consolé
En recueille les fleurs au chemin que j'achève.

(Applaudissements.)

Que pouvait répondre le poète à la droiture, à la noblesse de cette réplique? Son génie va se surpasser et lui inspirer les plus beaux vers qu'il ait écrits, les plus beaux vers peut-être qui se soient jamais formés dans une pensée humaine.

DEUXIÈME SONNET DE MUSSET

Quand, par un jour de pluie, un oiseau de passage
Jette au hasard un cri dans un chemin perdu,
Au bord du bois fleuri, dans un nid de feuillage,
Le rossignol pensif a, parfois, répondu.

Ainsi fut mon appel de votre âme entendu,
Et vous me répondez dans notre cher langage ;
Ce charme triste et doux, tant aimé d'un autre âge,
Ce pur toucher du cœur, vous me l'avez rendu.

Était-ce donc bien vous ? si bonne et si jolie.
Vous parlez de regrets et de mélancolie ?
— Et moi peut-être, aussi, j'avais un cœur blessé.

Aimer n'importe qui, c'est un peu de folie...
Qui nous rapportera le bouquet d'Ophélie
De la rive inconnue où les flots l'ont laissé ?

Mais peut-être le poète, entraîné par le sentiment et par la poésie, a-t-il été trop loin ; la jeune femme lui répond par ces lignes sublimes :

DEUXIÈME RÉPONSE DE MARIE NODIER

Ce doux bouquet mouillé qui s'effeuille à nos yeux
Et que jamais la main n'a pu reprendre ou suivre,
Ne le regrettons pas! J'ai lu dans un vieux livre
Que son cœur détaché voulait parler d'adieux.

Du foyer paternel, vous l'esprit radieux,
Dans l'ardente mêlée où le triomphe enivre,
Vous vous souvenez donc qu'en essayant de vivre
Ensemble nous étions partis d'un vol joyeux ?

Nous avons traversé la merveilleuse plaine
Où la fleur du jeune âge, amicale et sereine,
Dit : « La vie est charmante et l'avenir béni. »

Puis, je vous vis monter quand je perdis haleine.
A la cime des monts votre aile souveraine
Allait chercher son aire, et je gardais mon nid.

(Vifs applaudissements.)

Ici, la beauté de la forme, la pureté et la noblesse du sentiment, arrivaient à une telle hauteur que le poète ne pouvait plus que s'incliner avec respect. Son génie plane dans les airs; mais aux pieds d'une honnête femme il se fait tout petit.

TROISIÈME SONNET DE MUSSET
(Dernier et sans réponse)

Vous les regrettiez presque, en me les envoyant,
Ces vers, beaux comme un rêve et purs comme l'au-
« Ce malheureux garçon, disiez-vous en riant, [rore.
Va se croire obligé de me répondre encore. »

Bonjour, ami sonnet, si doux, si bienveillant,
Poésie, amitié que le vulgaire ignore.
Gentil bouquet de fleurs, de larmes tout brillant
Que dans un noble cœur un soupir fait éclore !

Oui, nous avons, ensemble à peu près, commencé
A ronger ce grand songe où le monde est bercé.
J'ai perdu des procès bien chers et j'en appelle.

Mais en vous écoutant tout regret a cessé.
Meure, mon triste cœur, quand ma pauvre cervelle
Ne saura plus sentir le charme du passé !

Au moment où ces beaux vers s'échangeaient, le bon Nodier sentait déjà sa santé gravement atteinte.

Si jamais ta tête qui penche
Devient blanche,

lui écrivait Musset.

Hélas! oui, sa tête penchait!

Sa famille ignorait encore la gravité du mal. Elle fut mise au courant de la réalité, d'une manière tragique, par un mot de Balzac.

« L'idée que cette intelligence, dans toute sa force, qui nous abritait à son ombre glorieuse, écrit Marie Nodier, en parlant de son père, survivrait, dès ce moment, à son enve-

reux et des soirées brillantes se retrouvaient assis à la place autrefois affectionnée. Seulement, toute gaieté était éteinte; ils parlaient à voix basse et le silence complet eût semblé moins morne à l'oreille que ce triste murmure à travers lequel on ne distinguait que des mots confus et des monosyllabes désespérés.

» Des inconnus venaient prendre place au

Paysage de Régnier, qui se trouvait dans le salon de Charles Nodier.

loppe brisée, n'était venue à aucun de nous. Dieu, dans sa miséricorde, nous avait doués d'aveuglement.

» Il y avait, alors, un fauteuil vacant à l'Académie française, et Balzac était l'un des candidats. Un jour qu'il sortait du cabinet de travail de mon père, il passa par le salon et vint s'asseoir auprès de moi.

» — Avez-vous assez l'air d'un solliciteur déconfit, lui dis-je, en riant; est-ce que mon immortel vous aurait refusé sa voix, par hasard?

» — Non, dit Balzac, avec une émotion d'autant plus saisissante qu'il n'était pas dans sa nature de s'émouvoir volontiers. Il m'a dit : « Je fais bien mieux que de vous donner ma voix, mon ami, je vous laisse ma place. »

» Pendant les trois dernières semaines de sa vie, le salon, qui touchait à la chambre, ne désemplit pas. Les amis des temps heu-

milieu d'eux. Ils saluaient sans rien dire, attendant que le bulletin de l'heure écoulée circulât de bouche en bouche; puis, ils se retiraient. D'autres leur succédaient, et, pas plus aux derniers venus qu'aux premiers arrivés, personne ne songeait à demander leurs noms. » (Mme Mennessier-Nodier.)

« Nodier, écrit Mme Victor Hugo, et c'est par ces lignes que je terminerai, Nodier était couché dans une alcôve sombre et nue, la face tournée vers sa bibliothèque, vers ses chers elzévirs. Une table, dressée en autel, recevait les objets consacrés. Les assistants s'agenouillèrent. Le curé récitait les prières d'usage, Nodier répondait clairement...

» L'effet de cette scène fut profond et grandiose, et ne s'effacera d'aucune mémoire.

» La vie de l'Arsenal a fini là.

» Fin solennelle et qui couronne dignement

tant de fêtes. Pour ceux qui ont vu l'Arsenal dans ses jours de joie et qui l'ont vu dans ses jours de mort, ces prières complètent ces danses.

» Cette hospitalité si cordiale, si dévouée, si entière, méritait cette consécration... Voyant cette maison si grande ouverte, Dieu y est entré. » *(Applaudissements prolongés. Le conférencier est rappelé plusieurs fois.)*

FRANTZ FUNCK-BRENTANO.

LITTÉRATURE FRANÇAISE

L'ÉPITRE

Conférence de M. Georges CAIN

Avec le concours de Mme Marguerite Carré, *de l'Opéra-Comique*, et Mme Simone, *de la Renaissance*.

18 janvier 1911.

Répétée le 20 janvier.

Mesdemoiselles,

Oserai-je vous l'avouer, mesdemoiselles, j'ai frémi lorsque votre chère directrice m'apprit qu'elle me réservait le redoutable honneur de porter la parole sur cet admirable sujet : « L'Epître en vers! » J'ai frémi... Etait-ce la joie d'avoir à traiter un si beau programme? Etait-ce la crainte trop légitime de me sentir inférieur à la tâche qui m'était assignée?...

A force d'analyse et de raisonnement, j'ai fini par conclure que le sentiment qui m'agitait provenait d'un état d'esprit beaucoup moins honorable et que l'envie, la plus basse envie, me torturait..., non sans raison. Veuillez en juger :

Un des rêves de ma vie — qui n'a pas son rêve? — fut toujours de pouvoir écrire en vers. Faire se becqueter poétiquement les rimes accouplées de deux idées, — fût-ce même d'une seule, — pratiquer cette langue admirable qui semble faite pour s'adresser uniquement aux dieux, aux rois et aux femmes; faire des vers comme M. Jourdain faisait de la prose, sans le savoir, fut, pour celui qui vous parle, une de ces ambitions d'autant plus tenaces qu'elles sont secrètes, d'autant plus chères qu'elles sont irréalisables. J'ai tenté, comme tout le monde, d'aborder ces sommets; les plus modestes mirlitons eussent refusé de s'habiller de ma poésie. *(Rires.)*

Que dis-je? De même que certains hommes ont reçu du ciel le don de rimer, d'autres ont reçu d'une mauvaise fée le don de ne pas rimer. Je suis de ceux-là!

Aussi me suis-je rejeté sur l'humble prose.

Mais — à l'exemple de Figaro — j'ai pensé qu'il était permis de parler de ces richesses sans les détenir... J'ai demandé au dictionnaire de me donner exactement l'histoire, la description, le contexte de ce fruit défendu. Avec sa bonne grâce habituelle, Larousse a bien voulu répondre à mes questions pressantes :

« Epître. — Nom féminin, sorte de poème dans lequel l'auteur, s'adressant à un personnage, réel ou fictif, lui parle d'un ton généralement simple et intime sur des sujets dont la variété est aussi grande que ceux d'une lettre en prose. »

Nous voilà donc fixés... et les marges sont grandes!

Larousse cite, ensuite, en manière d'exemple : l'épître du pape à Mahomet II, que, si vous le voulez bien, nous négligerons pour deux raisons, dont la seconde est qu'elle est écrite en latin; je pourrais, cependant, ajouter qu'elle doit être infiniment curieuse. En cette épître, le pape s'efforce de démontrer au sultan, d'une part, la vérité de la doctrine chrétienne, de l'autre, la fausseté de la doctrine mahométane, dont Mahomet était le chef respecté...

Mais, au fond, la définition de Larousse ne me suffisait pas. Je me suis donc adressé à Théodore de Banville, et voici ce qu'il dit de l'épître, — il en parle légèrement :

« Dans l'âge des chemins de fer, de la photographie, du télégraphe électrique et du câble sous-marin, les amusements littéraires sont finis. Il n'y a plus que le langage vulgaire ou scientifique de l'ode. Comment s'écrirait-on en vers, quand, grâce au ciel, la lettre écrite disparaît déjà devant la dépêche télégraphique? On trouverait le dernier vestige de l'épître (mais bien pénétrée par le lyrisme) dans les vers des *Contemplations* intitulés : « Ecrit en 1846 » (livre V, III). »

Or, puisque Banville, l'impeccable Banville, nous cite un exemple, notre devoir est de le suivre.

Permettez-moi, mesdemoiselles, de vous lire l'admirable pièce, signée Victor Hugo, invoquée par Théodore de Banville :

ÉCRIT EN 1846

Marquis, je m'en souviens, vous veniez chez ma mère.
Vous me faisiez parfois réciter ma grammaire ;
Vous m'apportiez toujours quelque bonbon exquis ;
Et nous étions cousins, quand on était marquis.
Vous étiez vieux, j'étais enfant ; contre vos jambes
Vous me preniez, et puis, entre deux dithyrambes,
En l'honneur de Coblentz et des rois, vous contiez
Quelque histoire de loups, de peuples châtiés,
D'ogres, de jacobins, authentique et formelle,
Que j'avalais avec vos bonbons, pêle-mêle,
Et que je dévorais de fort bon appétit,
Quand j'étais royaliste et quand j'étais petit.

. . . .

Vous aviez de l'esprit, marquis ; flux et reflux,
Heur, malheur, vous avaient laissé l'âme assez nette.
Riche, pauvre, écuyer de Marie-Antoinette,
Emigré, vous aviez, dans ce temps incertain,
Bien supporté le chaud et le froid du destin.
Vous haïssiez Rousseau, mais vous aimiez Voltaire ;
Pigault-Lebrun allait à votre goût austère,
Mais Diderot était digne du pilori.
Vous détestiez, c'est vrai, Madame Dubarry,
Tout en divinisant Gabrielle d'Estrée.
Pas plus que Sévigné, la marquise lettrée,
Ne s'étonnait de voir, douce femme rêvant,
Blêmir au clair de lune et trembler dans le vent,
Aux arbres du chemin, parmi les feuilles jaunes,
Les paysans pendus par ce bon duc de Chaulnes.
Vous ne preniez souci des manants qu'on abat
Par la force, et du pauvre écrasé sous le bât.
Avant quatre-vingt-neuf, galant incendiaire,
Vous portiez votre épée en quart de civadière,
La poudre blanchissait votre dos de velours ;
Vous marchiez sur le peuple à pas légers — et lourds.
VICTOR HUGO.

(Applaudissements.)

Si toutes les épîtres étaient tournées de la sorte, convenez, mesdemoiselles, qu'il serait fâcheux de penser que ce genre fût périmé !

Mais laissons là nos regrets et résumons nos souvenirs.

La Renaissance cultiva fort l'épître en vers; les deux Saint-Gelais et Jean Marot s'y distinguent; mais tous sont éclipsés dans ce genre par Clément Marot. Plus tard, Voiture y brille, non sans éclat, et enfin La Fontaine, notre La Fontaine national, nous

Le Poète, par MEISSONIER.

laisse une vingtaine d'épîtres dont quelques-unes sont des chefs-d'œuvre.

L'épître, qui passe du plaisant au sévère, ne pouvait pas manquer de séduire Boileau; le mentor de *L'Art Poétique* s'y consacre avec succès. Après lui, J.-J. Rousseau, Gresset, Gentil-Bernard, de Bernis, Saint-Lambert, Sedaine, Lebrun-Pindare, Dorat, de Boufflers, Delille, multiplient les épîtres en vers... J'ai dû les lire à votre intention : il en est de charmantes! Marie-Joseph Chénier lui-même, le frère d'André Chénier, le poète exquis, massacré la veille du 9 thermidor, a signé deux épîtres : l'une à Voltaire et l'autre sur la Calomnie, où il se défend presque d'avoir abandonné son frère.

Cette liste serait absolument incomplète si je ne m'empressais d'y ajouter le grand nom de Ronsard et aussi celui de Malherbe dans ses *Consolations à M. du Périer*, qui, elle aussi, est une épître, une triste épître, jetant des fleurs sur la mort d'un enfant.

J'ajouterai que Corneille, le grand Corneille, lui aussi, composa une épître lorsqu'il adressa à la marquise les vers qui l'immortalisèrent.

Les beaux vers que je vais vous lire, mesdemoiselles, peuvent-ils être classés dans les épîtres ? D'ailleurs, les chefs-d'œuvre n'ont

Ils pourront sauver la gloire
Des yeux qui me semblent doux,
Et dans mille ans faire croire
Ce qu'il me plaira de vous.

Chez cette race nouvelle
Où j'aurai quelque crédit.

Corneille chez Mlle Duparc, la comédienne à qui il adressa *L'Épître à la Marquise*, d'après une vignette ancienne.

pas besoin d'excuse, en tout et partout ils ont raison :

ÉPITRE A LA MARQUISE

Marquise, si mon visage
A quelques traits un peu vieux,
Souvenez-vous qu'à mon âge
Vous ne vaudrez guère mieux.

Le temps aux plus belles choses
Se plaît à faire un affront,
Et saura faner vos roses
Comme il a ridé mon front.

Le même cours des planètes
Règle nos jours et nos nuits :
On m'a vu ce que vous êtes ;
Vous serez ce que je suis.

Cependant, j'ai quelques charmes,
Qui sont assez éclatants
Pour n'avoir pas trop d'alarmes
De ces ravages du temps.

Vous en avez qu'on adore ;
Mais ceux que vous méprisez
Pourraient bien durer encore
Quand ceux-là seront usés.

Vous ne passerez pour belle
Qu'autant que je l'aurai dit.

Pensez-y, belle marquise :
Quelqu'un grison fasse effroi,
Il vaut bien qu'on le courtise,
Quand il est fait comme moi

CORNEILLE.

(Applaudissements.)

Après avoir feuilleté les dictionnaires et les traités de prosodie, j'ai consulté des poètes..., des vrais poètes... Ils furent unanimes à m'assurer que la démarcation était infiniment légère, qui séparait l'épître de l'ode, que toutes les audaces étaient permises et qu'il m'était loisible — pourvu que les vers fussent beaux — de les cataloguer « épîtres ». J'en ai conclu que les épîtres pourraient être des « odes » adressées par la poste, voire envoyées par « petit bleu ».

Comme, d'autre part, ma bonne chance fait que deux interprètes au talent rare m'ont consenti la faveur de bien vouloir m'aider dans cette entreprise essentiellement délicate, j'ai simplement prié les grandes artistes de choisir dans leur répertoire si riche, si varié, ce qui pourrait se rattacher à notre sujet.

Voltaire, qui écrivait en prose de si jolies lettres, se devait de nous laisser de charmantes épîtres. Il n'y a pas manqué. Il en écrivit beaucoup... Je vais avoir le plaisir de vous lire l'épître à Mme du Châtelet :

A Mme DU CHATELET

Si vous voulez que j'aime encore,
Rendez-moi l'âge des amours ;
Au crépuscule de mes jours
Rejoignez, s'il se peut, l'aurore.

Des beaux lieux, où le dieu du vin
Avec l'Amour tient son empire,
Le Temps, qui me prend par la main,
M'avertit que je me retire.

De son inflexible rigueur
Tirons au moins quelque avantage :
Qui n'a pas l'esprit de son âge,
De son âge a tout le malheur.

On meurt deux fois, je le vois bien :
Cesser d'aimer et d'être aimable,
C'est une mort insupportable ;
Cesser de vivre, ce n'est rien.

Ainsi je déplorais la perte
Des erreurs de mes premiers ans ;
Et mon âme, aux désirs ouverte,
Regrettait ses égarements.

Du ciel alors daignant descendre,
L'Amitié vint à mon secours :
Elle était peut-être aussi tendre,
Mais moins vive que les Amours.

Touché de sa beauté nouvelle,
Et de sa lumière éclairé,
Je la suivis : mais je pleurai
De ne pouvoir plus suivre qu'elle.

FRANÇOIS-MARIE DE VOLTAIRE.

Mme Simone, au talent si puissant, si nerveux, si personnel, va vous dire quelques poésies anciennes de Ronsard, de La Boétie, puis — plus tard, en un second numéro, si j'ose dire — *A mon Fils*, poème de cette géniale poétesse qui s'appelle la comtesse Mathieu de Noailles. *(Applaudissements.)*

Comme l'épître chantée est également une chose exquise et qu'un certain nombre de lettres ont été mises en musique, j'ai demandé à votre intention, mesdemoiselles, à l'idéale interprète de *Manon*, de *Sapho*, de *Madame Butterfly*, de *La Bohème*, à Mme Marguerite Carré, de nous dire deux lettres signées

Massenet : la lettre de Sapho disant adieu à son bonheur, la lettre..., ou, plutôt, les lettres de Werther évoquant le passé et présageant son suicide. Mme Carré a bien voulu déférer à mon désir. Mesdemoiselles, vous allez

L'*Inspiration*, par FRAGONARD.

entendre deux œuvres magistrales, — magistralement interprétées :

LETTRE DE WERTHER

« Je vous écris
De ma petite chambre ;
Un ciel gris
Et lourd de décembre
Pèse sur moi comme un linceul...
Et je suis seul, seul, toujours seul ! »
Des cris joyeux d'enfants montent sous ma fenêtre.
Et je pense à ce temps si doux
Où tous vos chers petits jouaient autour de nous.
Ils m'oublieront peut-être !
Tu m'as dit : « A Noël ! » Et j'ai crié : « Jamais ! »
On va bientôt connaître
Qui, de nous deux, disait vrai !... Mais...
Si je ne dois reparaître
Au jour fixé, devant toi,
Ne m'accuse pas, pleure-moi !
Oui, de ces yeux si pleins de charmes,
Ces lignes, tu les reliras,
Tu les mouilleras de tes larmes,
O Charlotte, et tu frémiras ! »

(La musique de Massenet, délicieusement chantée par Mme Carré, est longuement applaudie.)

Théodore de Banville, dont nous citions tout à l'heure *Le Traité de Poésie*, a, lui aussi, écrit des épîtres délicieusement spirituelles. Laissez-moi, mesdemoiselles, vous dire :

L'ÉPITRE A SON AMI GAIFFE

Jeune homme sans mélancolie,
Blond comme un soleil d'Italie,
Garde bien ta belle folie...

C'est la sagesse ! Aimer le vin,
La beauté, le printemps divin,
Cela suffit... Le reste est vain !

Souris même au destin sévère,
Et, quand revient la primevère,
Jettes-en les fleurs dans ton verre !

Au corps sous la tombe enfermé
Que reste-t-il ? — D'avoir aimé
Pendant deux ou trois mois de mai !

« Cherchez les effets et les causes »,
Nous disent les rêveurs moroses...
Des mots ! des mots ! Cueillons les roses !
THÉODORE DE BANVILLE.

Quant à nos poètes modernes, il nous suffira de feuilleter leurs œuvres pour trouver matière à applaudir : *A mon Frère revenant d'Italie, La Lettre à Lamartine, L'Epître à Ninon*, trois œuvres charmantes, signées Musset. Ne pourrait-on pas placer également, dans les épîtres, *Les Conseils à une Parisienne*, si joliment ciselés par le poète des *Nuits ?*

A MON FRÈRE
Revenant d'Italie

Ainsi, mon cher, tu t'en reviens
Du pays dont je me souviens
Comme d'un rêve,
De ces beaux lieux où l'oranger
Naquit pour nous dédommager
Du péché d'Eve.

Tu l'as vu, ce ciel enchanté
Qui montre, avec tant de clarté,
Le grand mystère ;
Si pur, qu'un soupir monte à Dieu
Plus librement qu'en aucun lieu
Qui soit sur terre.

. . . .

Tu l'as vu, ce fantôme altier
Qui, jadis, eut le monde entier
Sous son empire.
César dans sa pourpre est tombé ;
Dans un petit manteau d'abbé
Sa veuve expire.

. . . .

Ils sont beaux, quand il fait beau temps,
Ces yeux presque mahométans
De la Sicile ;
Leur regard tranquille est ardent,
Et bien dire en y répondant
N'est pas facile.

Ils sont doux, surtout quand, le soir,
Passe dans son domino noir
La toppatelle.
On peut l'aborder sans danger,
Et dire : « Je suis étranger,
Vous êtes belle. »

. . . .

Les brigands l'ont-ils arrêté
Sur le chemin tant redouté
De Terracine ?
Les as-tu vus dans les roseaux
Où le buffle aux larges naseaux
Dort et rumine ?

Hélas ! hélas ! tu n'as rien vu
Oh (comme on dit) ! temps dépourvu
De poésie !
Ces grands chemins, sûrs nuit et jour,
Sont ennuyeux comme un amour
Sans jalousie.

. . . .

Padoue est un fort bel endroit,
Où de très grands docteurs en droit
Ont fait merveille ;
Mais j'aime mieux la polenta,
Qu'on mange aux bords de la Brenta,
Sous une treille.

. . . .

Toits superbes ! froids monuments !
Linceul d'or sur des ossements !
Ci-gît Venise.
Là mon pauvre cœur est resté.
S'il doit m'en être rapporté,
Dieu le conduise !

Mon pauvre cœur, l'as-tu trouvé
Sur le chemin, sous un pavé,
Au fond d'un verre ?
Ou dans ce grand palais Nani,
Dont tant de soleils ont jauni
La noble pierre ?

L'as-tu trouvé tout en lambeaux
Sur la rive où sont les tombeaux ?
Il doit y être.
Je ne sais qui l'y cherchera,
Mais je crois bien qu'on ne pourra
L'y reconnaître.

. . . .

Le retour fait aimer l'adieu ;
Nous nous asseyons près du feu,
Et tu nous contes

Tout ce que ton esprit a vu :
Plaisirs, dangers, et l'imprévu,
    Et les mécomptes.

. . . .

Ami, ne t'en va plus si loin.
D'un peu d'aide j'ai grand besoin,
    Quoi qu'il m'advienne.
Je ne sais où va mon chemin,
Mais je marche mieux quand ma main
    Serre la tienne.

ALFRED DE MUSSET.

(Vifs applaudissements.)

*

Voici, maintenant, un autre chef-d'œuvre :

A NINON

Si je vous le disais, pourtant, que je vous aime !
Qui sait, brune aux yeux bleus, ce que vous en diriez ?
L'amour, vous le savez, cause une peine extrême,
C'est un mal sans pitié que vous plaignez vous-même ;
Peut-être, cependant, que vous m'en puniriez.

Si je vous le disais, que six mois de silence
Cachent de longs tourments et des vœux insensés
Ninon, vous êtes fine, et votre insouciance
Se plaît, comme une fée, à deviner d'avance ;
Vous me répondriez peut-être : « Je le sais. »

Si je vous le disais, qu'une douce folie
A fait de moi votre ombre et m'attache à vos pas
Un petit air de doute et de mélancolie,
Vous le savez, Ninon, vous rend bien plus jolie ;
Peut-être diriez-vous que vous n'y croyez pas.

Si je vous le disais, que j'emporte dans l'âme
Jusques aux moindres mots de nos propos du soir !
Un regard offensé, vous le savez, madame,
Change deux yeux d'azur en deux éclairs de flamme ;
Vous me défendriez peut-être de vous voir.

Si je vous le disais, que chaque nuit je veille,
Que chaque jour je pleure et je prie à genoux !
Ninon, quand vous riez, vous savez qu'une abeille
Prendrait pour une fleur votre bouche vermeille ;
Si je vous le disais, peut-être en ririez-vous.

Mais vous n'en saurez rien. Je viens, sans rien en dire,
M'asseoir sous votre lampe et causer avec vous ;
Votre voix, je l'entends ; votre air, je le respire ;
Et vous pouvez douter, deviner et sourire,
Vos yeux ne verront pas de quoi m'être moins doux.

Je récolte en secret des fleurs mystérieuses :
Le soir, derrière vous, j'écoute au piano
Chanter sur le clavier vos mains harmonieuses,
Et, dans les tourbillons de nos valses joyeuses,
Je vous sens, dans mes bras, plier comme un roseau.

La nuit, quand de si loin le monde nous sépare,
Quand je rentre chez moi pour tirer mes verrous,
De mille souvenirs en jaloux je m'empare ;

Et là, seul devant Dieu, plein d'une joie avare [vous.
J'ouvre, comme un trésor, mon cœur tout plein de

J'aime, et je sais répondre avec indifférence ;
J'aime, et rien ne le dit ; j'aime, et seul je le sais,
Et mon secret m'est cher, et chère ma souffrance ;
Et j'ai fait le serment d'aimer sans espérance,
Mais non pas sans bonheur je vous vois, c'est assez.

Non, je n'étais pas né pour ce bonheur suprême,
De mourir dans vos bras et de vivre à vos pieds.
Tout me le prouve, hélas ! jusqu'à ma douleur même...
Si je vous le disais, pourtant, que je vous aime !
Qui sait, brune aux yeux bleus, ce que vous en diriez ?

ALFRED DE MUSSET.

(Vifs applaudissements.)

En feuilletant *Les Rayons et les Ombres*, je rencontre une épître admirable adressée par le grand poète à la duchesse d'Abrantès ; celle-là est si belle que je ne me sens pas le courage de vous en priver. Ce n'est pas à une vivante, c'est à une morte que s'adressent ces vers, à Laure Permon, duchesse d'Abrantès, qui nous a laissé de si précieux mémoires sur l'histoire de son temps. Elle avait été l'épouse du général Junot, et les gouvernants d'alors avaient refusé d'accorder six pieds de terre à cette veuve pauvre de l'ancien gouverneur de Paris :

A LA DUCHESSE D'ABRANTÈS

Puisqu'ils n'ont pas compris, dans leur étroite sphère,
Qu'après tant de splendeur, de puissance et d'orgueil,
Il était grand et beau que la France dût faire
L'aumône d'une fosse à ton noble cercueil ;

Puisqu'ils n'ont pas senti que celle qui, sans crainte,
Toujours loua la gloire et flétrit les bourreaux,
A le droit de dormir sur la colline sainte,
A le droit de dormir à l'ombre des héros ;

Puisque le souvenir de nos grandes batailles
Ne brûle pas en eux comme un sacré flambeau,
Puisqu'ils n'ont pas de cœur, puisqu'ils n'ont pas
                                    [d'entrailles,
Puisqu'ils t'ont refusé la pierre d'un tombeau ;

C'est à nous, cette fois, de garder, de défendre
La mort contre l'oubli, son pâle compagnon !
C'est à nous d'effeuiller des roses sur ta cendre !
C'est à nous de jeter des lauriers sur ton nom !

Puisqu'un stupide affront, pauvre femme endormie,
Monte jusqu'à ton front que César étoila,
C'est à moi, dont ta main pressa la main amie,
De te dire tout bas : « Ne crains rien ! je suis là ! »

Car j'ai ma mission ! Car, armé d'une lyre,
Plein d'hymnes irrités, ardents à s'épancher,

Je garde le Trésor des gloires de l'Empire !
Je n'ai jamais souffert qu'on osât y toucher !

Car ton cœur abondait en souvenirs fidèles !
Dans notre ciel sinistre, et sur nos tristes jours,
Ton noble esprit planait avec de nobles ailes,
Comme un aigle souvent, comme un ange toujours !

Car, forte pour tes maux et bonne pour les nôtres,
Livrée à la tempête et femme en proie au sort,
Jamais tu n'imitas l'exemple de tant d'autres,
Et d'une lâcheté tu ne te fis un port !

La duchesse d'Abrantès.

Car toi, la Muse illustre, et moi, l'obscur apôtre,
Nous avons, dans ce monde, eu le même mandat,
Et c'est un nœud profond qui nous joint l'un à l'autre,
Toi, veuve d'un héros, et moi, fils d'un soldat !

Aussi, sans me lasser, dans cette Babylone,
Des drapeaux insultés, baisant chaque lambeau,
J'ai dit pour l'empereur : « Rendez-lui sa colonne ! »
Et je dirai pour toi : « Donnez-lui son tombeau ! »

VICTOR HUGO.

(Longs applaudissements.)

Avant de clore le passage consacré à Victor
Hugo, laissez-moi, mesdemoiselles, vous citer
de lui une épître bien courte, mais bien touchante et bien noble, je dirai même un peu
sacrée, puisqu'elle sauva la vie à un homme
dont on peut ne pas partager les idées, mais
auquel il est impossible de refuser son estime.
Il s'agit de Barbès, l'illustre révolutionnaire.
A la suite d'événements graves, Barbès avait

été condamné à mort; Paris tout entier s'agitait pour arracher à l'échafaud cette noble
victime, et Victor Hugo adressa, en 1839, au
roi Louis-Philippe, le quatrain que voici... Il
convient d'ajouter, avant de vous le lire, que le
roi de France était, d'une part, en deuil d'une
fille adorée, la princesse Marie, morte à Pise
en laissant un bébé au berceau :

Par votre ange envolée, ainsi qu'une colombe,
Par ce royal enfant, doux et frêle roseau,
Grâce encore une fois ! grâce au nom de la tombe !
Grâce au nom du berceau !

Et, maintenant, mesdemoiselles, nous allons
demander à Mme Simone de nous dire les
vers admirables adressés à son fils par Mme la
comtesse Mathieu de Noailles.

A MON FILS

Mon fils, tenez-vous à ma robe,
Soyez ardent et diligent :
Déjà le matin luit, le globe
Est beau comme un lingot d'argent !

C'est de désir que ma main tremble,
Venez avec moi dans le vent :
Nous aurons quatre ailes ensemble,
Nous boirons le soleil levant.

Nous aurons l'air d'aller en guerre
Pour le bonheur, pour le plaisir,
Pour conquérir toute la terre
Et son ciel qu'on ne peut saisir.

Qu'importe votre frêle mine,
Et mes pas souvent hésitants,
Si les brises de Salamine
Gonflent nos vêtements flottants !

Je serai la Victoire blanche
Tendue au vent d'un coteau grec :
Le vent nous irrite et nous penche,
Mais on marche plus vite avec.

Retenez-vous à mon écharpe ;
Vous êtes mon fils : il faut bien
Que vos cheveux, comme une harpe,
Jettent un chant éolien !

Vous avez dormi dans mon âme :
Il faut que votre être vermeil
S'élance, s'émeuve, se pâme ;
Combattez avec le soleil !

L'air frappera votre visage ;
Avancez, joyeux, furieux :

L'important n'est pas d'être sage,
C'est d'aller au-devant des dieux.

Comme on voit, sur un vase étrusque,
La danseuse et le faune enfant,
Nous poserons, d'un geste brusque,
Sur le monde un pied triomphant.

Je ne sais pas où je vous mène ;
Je vous mène où sont les héros :
C'est un vaste et chantant domaine,
Le plus terrible et le plus haut.

La comtesse de Noailles et son fils.
(Phot. Femina.)

Que votre main sur votre bouche
Presse tout ce qui brûle et luit ;
L'univers me semblait farouche,
Je fus amoureuse de lui !

Que m'importe votre doux âge !
On est fort avant d'être grand ;
Je suis née avec mon courage ;
Soyez un petit aigle errant.

Ah ! que, pendant toute ma vie,
Je puisse voir, à mes côtés,
Lutter votre âme ivre, ravie,
Vos bras, vos genoux exaltés !

Et, le jour où je serai morte,
Vous direz à ceux qui croiront
Que j'ai poussé la sombre porte
Qui mène à l'empire âpre et rond :

« Je l'ai laissée au bord du monde,
Où l'espace est si bleu, si pur.
Elle semblait vive et profonde
Et voulait caresser l'azur,

» Je n'ai pas eu le temps de dire :
« Que faites-vous ?... » Le front vermeil,
Je l'ai vue errer et sourire
Et s'enfoncer dans le soleil... »

Comtesse MATHIEU DE NOAILLES.

(Applaudissements prolongés. Mᵐᵉ Simone est rappelée plusieurs fois.)

Est-ce vraiment une épitre qu'écrivit Albert Samain en composant les vers que je vais vous lire ?

Je n'en sais trop rien. Mais, ce dont je suis certain, c'est que ces vers sont délicieux...

Vous me direz — après les avoir entendus — ce que vous en pensez... Et, si ce n'est pas absolument une « épître », — selon Larousse, — eh bien !... nous n'en parlerons plus...

ÉPITRE

Dans le grand parc lointain voilé de brume, sous
Les grands arbres d'où tombe, avec un bruit très doux,
L'adieu des feuilles d'or parmi la solitude,
Sous le ciel pâlissant, comme de lassitude,
Nous irons, si tu veux, jusqu'au soir, à pas lents,
Bercer l'été qui meurt dans nos cœurs indolents.
Nous marcherons parmi les muettes allées ;
Et cet amer parfum qu'ont les herbes foulées,
Et ce silence, et ce grand charme langoureux
Que verse en nous l'automne exquis et douloureux
Et qui sort des jardins, des bois, des eaux, des arbres
Et des parterres nus où grelottent les marbres,
Baignera doucement notre âme tout un jour,
Comme un mouchoir ancien qui sent encor l'amour.

ALBERT SAMAIN.

(Applaudissements.)

Maintenant, mesdemoiselles, nous arrivons à des poèmes plus récents. Il en est de joyeux, il en est de profondément tristes. Mais rassurez-vous, je vous promets un bien joli chant final.

En attendant, je vais vous parler des épouvantables événements de 1870. Citons la lettre d'un mobile breton, écrite par le bon François Coppée, pendant le siège de Paris, et laissez-moi vous lire aussi une page de *L'Année Terrible*, de Victor Hugo, intitulée : « A une Femme » et datée du 10 janvier 1871.

LETTRE D'UN MOBILE BRETON

Maman, et toi, vieux père, et toi, ma sœur mignonne
Ce soir, en attendant que le couvre-feu sonne.

Je mets la plume en main pour vous dire comment
Je pense tous les jours à vous très tendrement,
Très tristement aussi, malgré toute espérance;
Car, bien qu'ayant juré de mourir pour la France,
Et certain d'accomplir jusqu'au bout mon devoir,
Je ne puis pas songer au pays sans revoir
La maison, le buffet et ses vaisselles peintes.
La table, le poiré qui mousse dans les pintes.
La soupière de choux qui fume et qui sent bon
Entre les vastes plats de noix et de jambon,
La sœur et la maman priant, les deux mains jointes

M. Georges Cain.

Avec leurs bonnets blancs et leurs fichus à pointes.
Et papa qui, pensant que je manque au souper,
Fait sa croix sur le pain avant de le couper.
Laissons cela. D'ailleurs, je reviendrai peut-être.
— Donc, nous sommes campés sous le fort de Bicêtre
Avec Monsieur le comte et tous ceux de chez nous.
Je vous écris ceci, mon sac sur les genoux,
Sous la tente, et le vent fait trembler ma chandelle.
Bicêtre est une sombre et forte citadelle,
Où des Bretons marins, de rudes compagnons,
Dorment dans le caban auprès de leurs canons,
Tout comme sur un brick à l'ancre dans la rade.
Aussi, j'ai trouvé là plus d'un bon camarade,
Parti depuis longtemps entre le ciel et l'eau,
Car Saint-Servan n'est pas bien loin de Saint-Malo,
Et nous avons vidé quelquefois un plein verre.
Mon bataillon était de la dernière affaire,
A preuve que Noël, le cadet du sonneur,
Comme on dit à Paris, est mort au champ d'honneur.
Il avait un éclat de bombe dans la cuisse.
Il saignait, il criait. Je ne crois pas qu'on puisse
Voir cela sans horreur, et chacun étouffait;

Mais nos vieux officiers prétendent qu'on s'y fait.
On nous a portés tous à l'ordre de l'armée.
Moi, j'ai tiré des coups de feu dans la fumée,
Et j'ai marché toujours en avant, sans rien voir.
Enfin, on a sonné la retraite, et, le soir,
Un vieux, au képi d'or, qui tordait sa barbiche
Et qui de compliments, paraît être assez chiche,
Nous a dit : « Nom de nom ! mes enfants, c'est très bien ! »
Et quoiqu'il blasphémât, c'est vrai, comme un païen.
Et qu'il lançât sur nous un regard diabolique,
Nous avons tous crié : « Vive la République ! »
—Ce mot-là, c'est toujours du français, n'est-ce pas?—
Quelques-uns d'entre nous se plaignent bien tout bas
Et sont, avec raison, mécontents qu'on ricane
De notre vieil abbé qui trousse sa soutane,
Marche à côté de nous droit au-devant du feu,
Et parle à nos blessés du pays et de Dieu;
Mais aux mauvais railleurs nous faisons la promesse
De bien montrer comment on meurt après la messe.
— Nous avons traversé Paris. Il m'a fait peur.
Puis, nous l'avons trouvé dans la grande stupeur,
Sombre et lisant tout haut des journaux dans les rues.
Huit jours, les habitants logèrent les recrues.
Nous étions, Pierre et moi, chez des bourgeois cossus,
Où nous fûmes assez honnêtement reçus.
Pourtant j'étais, d'abord, chez eux, mal à mon aise,
Et je restais assis sur le bord de ma chaise,
Confus de l'embarras où nous les avions mis.
Mais leurs petits enfants devinrent nos amis;
Ils riaient avec nous, jouaient avec nos armes
Et couvraient, les démons ! de leurs joyeux vacarmes,
Le bruit que nous faisions avec nos gros souliers.
Bref, nous sommes partis bien réconciliés,
Et, les jours de congé, nous leur faisons visite.
— Allons! il faut finir cette lettre au plus vite,
Car le clairon au loin jette ses sons cuivrés.
Je ne sais pas encor si vous la recevrez,
Mais je suis bien content d'avoir suivi l'école :
Grâce au savoir, qu'on raille au pays agricole,
Me voilà caporal avec un beau galon,
Et puis, je vous écris ces mots par le ballon.
Maintenant, au revoir, chers parents, je l'espère.
Si je ne reviens pas, ô ma mère et mon père,
Songez que votre fils est mort en défenseur
De notre pauvre France; et toi, mignonne sœur,
Quand tu rencontreras Yvonne à la fontaine,
Dis-lui bien que je l'aime et qu'elle soit certaine
Que dans ce grand Paris, effrayant et moqueur,
Je suis toujours le sien et lui garde mon cœur.
Baise ses cheveux blonds, fais-lui la confidence
Que j'ai peur du grand gars qui lui parle à la danse;
Dis-lui qu'elle soit calme et garde le logis
Et que je ne veux pas trouver ses yeux rougis.
— Adieu. Voici pour vous ma tendresse suprême,
Et je signe, en pleurant : « Votre enfant qui vous aime. »

FRANÇOIS COPPÉE.

(Applaudissements prolongés.)

LETTRE A UNE FEMME

Paris terrible et gai combat. Bonjour, madame.
On est un peuple, on est un monde, on est une âme.
Chacun se donne à tous et nul ne songe à soi.
Nous sommes sans soleil, sans appui, sans effroi.
Tout ira bien pourvu que jamais on ne dorme.
Schmitz fait des bulletins plats sur la guerre énorme :
C'est Eschyle traduit par le père Brunoy.   [moi,
J'ai payé quinze francs quatre œufs frais, non pour
Mais pour mon petit George et ma petite Jeanne.
Nous mangeons du cheval, du rat, de l'ours, de l'âne.
Paris est si bien pris, cerné, muré, noué,
Gardé, que notre ventre est l'arche de Noé !
Dans nos flancs toute bête, honnête ou mal famée,
Pénètre ; et chat et chien, le mammon, le pygmée,
Tout entre, et la souris rencontre l'éléphant.
Plus d'arbres, on les coupe, on les scie, on les fend ;
Paris sur ses chenets met les Champs-Elysées.
On a l'onglée aux doigts et le givre aux croisées.
Plus de feu pour sécher le linge des lavoirs,
Et l'on ne change plus de chemise. Les soirs,
Un grand murmure sombre abonde au coin des rues,
C'est la foule ; tantôt ce sont des voix bourrues,
Tantôt des chants, parfois de belliqueux appels.
La Seine lentement traîne des archipels
De glaçons hésitants, lourds, où la canonnière
Court, laissant derrière elle une écumante ornière.
On vit de rien, on vit de tout, on est content.
Sur nos tables sans nappe, où la faim nous attend,
Une pomme de terre, arrachée à sa crypte,
Est reine, et les oignons sont dieux comme en Egypte.
Nous manquons de charbon, mais notre pain est noir.
Plus de gaz ; Paris dort sous un large éteignoir ;
A six heures du soir, ténèbres. Des tempêtes
De bombes font un bruit monstrueux sur nos têtes.
D'un bel éclat d'obus j'ai fait mon encrier.
Paris, assassiné, ne daigne pas crier.
Les bourgeois sont de garde autour de la muraille :
Ces pères, ces maris, ces frères qu'on mitraille,
Coiffés de leurs képis, roulés dans leurs cabans.
Guettent, ayant pour lit la planche de leurs bancs.
Soit. Moltke nous canonne et Bismarck nous affame.
Paris est un héros, Paris est une femme ;
Il sait être vaillant et charmant ; ses yeux vont,
Souriants et pensifs, dans le grand ciel profond.
Du pigeon qui revient au ballon qui s'envole.
C'est beau : le formidable est sorti du frivole.
Moi, je suis là, joyeux de ne voir rien plier.
Je dis à tous d'aimer, de lutter, d'oublier,
De n'avoir d'ennemi que l'ennemi ; je crie :
« Je ne sais plus mon nom, je m'appelle Patrie ! »
Quant aux femmes, soyez très fière, en ce moment
Où tout penche, elles sont sublimes simplement.
Ce qui fit la beauté des Romaines antiques,   [tiques,
C'étaient leurs humbles toits, leurs vertus domes-
Leurs doigts que l'âpre laine avait faits noirs et durs,
Leurs courts sommeils, leur calme, Annibal près des
Et leurs maris debout sur la porte Colline. [murs.

Ces temps sont revenus. La géante féline,
La Prusse tient Paris, et, tigresse, elle mord
Ce grand cœur palpitant du monde à moitié mort.
Eh bien ! dans ce Paris, sous l'étreinte inhumaine,
L'homme n'est que Français, et la femme est Romaine.
Elles acceptent tout, les femmes de Paris,
Leur âtre éteint, leurs pieds par le verglas meurtris.
Au seuil noir des bouchers les attentes nocturnes,
La neige et l'ouragan vidant leurs froides urnes,
La famine, l'horreur, le combat, sans rien voir
Que la grande patrie et que le grand devoir ;
Et Juvénal au fond de l'ombre est content d'elles
Le bombardement fait gronder nos citadelles.
Dès l'aube, le tambour parle au clairon lointain.
La diane réveille, au vent frais du matin,
La grande ville pâle et dans l'ombre apparue ;
Une vague fanfare erre de rue en rue.
On fraternise, on rêve un succès ; nous offrons
Nos cœurs à l'espérance, à la foudre nos fronts,
La ville par la gloire et le malheur élue
Voit arriver les jours terribles et salue.
Eh bien ! on aura froid ! Eh bien ! on aura faim !
Qu'est cela ? C'est la nuit. Et que sera la fin ?
L'aurore. Nous souffrons, mais avec certitude.
La Prusse est le cachot et Paris est Latude.
Courage ! on refera l'effort des jours anciens.
Paris, avant un mois, chassera les Prussiens.
Ensuite, nous comptons, mes deux fils et moi, vivre
Aux champs, auprès de vous, qui voulez bien nous
                                              [suivre,
Madame, et nous irons en mars vous en prier,
Si nous ne sommes pas tués en février.

                              VICTOR HUGO.

(Vifs applaudissements.)

Cette époque terrible, moi aussi je l'ai vécue.

J'avais alors l'âge des plus jeunes d'entre vous ; mais, en fermant les yeux, je revis, comme si c'était hier, la sinistre période de ce siège, où Paris héroïque, obscur et glacial, mourait de faim, de froid et de misère. Nous manquions littéralement de tout. Sur la chaussée, feutrée des couches épaisses de boue glacée, roulaient quelques rares voitures d'ambulance, marquées de la Croix-Rouge de Genève. De temps en temps, passait au trot un ordonnance sur un cheval maigre. Plus de voitures, plus d'omnibus ! Les voitures avaient été remisées ou réquisitionnées pour le seul service des blessés, et tous les chevaux que l'armée n'utilisait pas étaient pour la boucherie. Au coin des carrefours, les enrôlés volontaires faisaient l'exercice ; les jardins publics, les parcs étaient transformés en pâturages et en remises à bestiaux ; l'artillerie campait dans le jardin des Tuileries. C'était, du matin au soir, un bruit ininterrompu de coups de canons. On se battait presque, à la porte des boucheries, pour y percevoir la mince portion de viande de cheval, attribuée à chacun de nous par les cartes de rationnement, et les journaux donnaient des recettes pour préparer le bouilli d'avoine, le chat en chasseur, le pot-au-feu de cheval, etc... Autour de nous, le désastre et la mort; autour de nous, le deuil et la tristesse. Et, cependant, jamais Paris ne fut plus grand,

Vous voyez ce qui m'est arrivé. Peu de chose.
Vous m'avez vu rentrer dans une apothéose,
Vous me voyez chassé par l'exécration.
En moins d'un an. C'est court. Rome, Athène et Sion
Faisaient ainsi. Paris a les mêmes droits qu'elles.
D'autres villes peut-être ont moins de nerfs. Lesquelles?
Il n'en est pas. Prenons le destin comme il est.
Epargner Montaigu, c'est blesser Capulet.
Or, Capulet étant le plus fort, en abuse.
Je suis un malfaiteur et je suis une buse.

La Queue aux Boucheries Municipales, souvenir du Siège de Paris : 1870-1871
(D'après un dessin de VIERGE, publié dans le *Monde Illustré.*)

plus noble, plus héroïque que pendant cette période de misère; les femmes surtout, vos grand'mères et vos mères, alors jeunes filles, furent héroïques, mesdemoiselles; je ne le dis pas pour elles, qui s'en souviennent peut-être, je le dis pour vous, qui avez le devoir de ne le jamais oublier. Au-dessus de tous nos désastres, de toutes nos peines, de toutes nos hontes, une image héroïque et sainte a plané : l'image de la femme française. Victor Hugo nous a laissé de cette effroyable époque une page sublime : une lettre adressée, le 1er janvier 1871, à Mme Paul Meurice.

A Mme PAUL MEURICE

Ce que j'ai fait est bien. J'en suis puni. C'est juste.
Vous qui, dans l'affreux siège et dans l'épreuve auguste,
Fûtes vaillante, calme et charmante, bravant
Cette guerre hideuse et ce noir coup de vent,
Belle âme que le ciel fit sœur d'une âme haute,
Femme du penseur fier et doux, dont j'étais l'hôte,
Vous qui saviez donner appui, porter secours.
Aider, lutter, souffrir, et sourire toujours,

Soit. On m'insulte, moi qu'hier on acclamait.
C'est pour me jeter bas qu'on m'a mis au sommet.
Ce genre de triomphe, est-ce pas? vaut bien l'autre.
J'en atteste, madame, un cœur comme le vôtre,
Et vous tous, dont l'esprit n'est jamais obscurci,
Vieux proscrits, n'est-ce pas que je vous plais ainsi?
J'ai défendu le peuple et combattu le prêtre.
N'est-ce pas que l'abîme est beau, qu'il est bon d'être
Maudit avec Barbès, avec Garibaldi,
Et que vous m'aimez mieux lapidé qu'applaudi?

VICTOR HUGO

(Applaudissements prolongés.)

Ma causerie touche à sa fin. Aussi, pour vous laisser, mesdemoiselles, sous une impression joyeuse, nous allons demander à Mme Marguerite Carré de nous dire la Lettre de *La Périchole. La Périchole!* Les chants d'Offenbach! Que voilà donc un joyeux souvenir!

C'était à la fin de l'Empire... Offenbach avait conquis non seulement Paris, mais encore la terre; sa musique vibrante, passionnée, échevelée, réveillait les plus endormis, galvanisait les plus sages. Dans tous les restaurants des boulevards, — de tous les boulevards de toutes les grandes villes, — rien qu'en s'ouvrant, les pianos jouaient tout seuls l' « Evohé » d'*Orphée aux Enfers*, les quadrilles sur *La Belle Hélène*, les fantaisies sur *Barbe-Bleue*.

Un jour, Offenbach voulut montrer que lui aussi pouvait, quand il le voulait, composer les chants les plus doux, les plus prenants, les plus émus..., et il écrivit la musique de la Lettre de *La Périchole*. La Lettre de *La Périchole*, c'est un peu beaucoup la lettre de *Manon Lescaut*. Vous lirez plus tard *Manon Lescaut*, mesdemoiselles, quand vous serez mariées; c'est un ouvrage délicieux. Pour le moment, je veux simplement vous dire que vous allez entendre un chef-d'œuvre d'émotion. J'ajoute que Mme Marguerite Carré dit cette Lettre de *La Périchole* avec un tel sentiment de mélancolie tendre et de tristesse souriante que, jamais, quelque talent qu'aient eu ses devancières, la Muse

d'Offenbach n'eut, je puis l'assurer, une plus merveilleuse interprète.

Mme Simone.
(Phot C. I.)

Mme Marguerite Carré.
(Phot. Reutlinger.)

(Et Mme Carré soupire la lettre de " La Périchole" avec un succès étourdissant. Elle est bissée.)

GEORGES CAIN.

LITTÉRATURE ANTIQUE

LES HEROÏNES GRECQUES DANS LA MUSIQUE : GLUCK

Conférence de M. Augé de LASSUS

Avec le concours de Mmes ALICE RAVEAU et SONIA DARBELL et de M. LOUIS FLEURY

23 janvier 1911.

Répétée le 25 janvier.

PROGRAMME

Alceste : « Divinités du Styx », de Gluck,
chanté par Mlle **Alice Raveau.**

Hélène et Pâris : « O del mio dolce ardor », de Gluck,
chanté par Mlle **Sonia Darbell.**

Orphée, de Gluck (acte III), scène des Champs-Elysées,
grand solo de flûte, par **M. L. Fleury.**

Quel nouveau Ciel,
chanté par Mlle **Alice Raveau.**

Mesdemoiselles, mesdames, messieurs,

D'aucuns d'entre vous ont sans doute fait le voyage de la Grèce et d'Athènes; mais, à ceux ou celles qui ne l'ont pas fait, je ne saurais trop conseiller de l'entreprendre un jour. C'est non seulement un enchantement, mais c'est aussi le complément d'une éducation artistique, et la réalisation, au moins approximative, des rêves enchanteurs au milieu desquels la Grèce nous emporte lorsque nous évoquons dans le passé son image.

Il est bon, il est pieux, pour l'élévation de la pensée, de faire le pèlerinage de l'Acropole et du Parthénon.

Si vous allez dans ce décor merveilleux, malgré les dévastations des hommes, vous verrez les frises des Panathénées, derrière les colonnades du Parthénon, et là sont figurées de belles jeunes filles chastement drapées, — des plis droits, comme je l'entendais dire à Gounod. Vous verrez, au temple de la Victoire Aptère, c'est-à-dire de la Victoire sans ailes, de la Victoire condamnée à la fidélité, des jeunes filles de marbre d'une grâce exquise et charmante. Vous verrez enfin... six grands colosses, vierges antiques qui ne

M. Augé de Lassus.

se sont jamais lassées de porter sur leur front ravissant le linteau de marbre d'un temple, non plus que les regards extasiés des hommes ne se sont lassés de les admirer et vénérer à travers les siècles.

Ces figures sont, tout à la fois, nobles et familières, monumentales et vivantes, mais ce ne sont pas que des effigies. Ne croyez pas cela! Ce sont certainement des portraits. Si admirablement doué que soit un artiste, il ne voit pas que sa pensée, que son rêve; il voit tout ce qui l'entoure, il s'intéresse, se grise peut-être au spectacle de ce qui s'agite autour de lui; il vit d'une vie environnante. Ces vierges de marbre ont existé. Elles passaient, délicieusement sereines et belles, sous les colonnades vivantes des temples. Ces fleurs, qui sont aussi des femmes, ont parfumé la Grèce et la divine Athènes. Les monuments les immobilisent et nous les montrent; mais nous les voyons peut-être mieux encore dans les œuvres de la littérature, dans Homère qui fut le législateur, en quelque sorte, le foyer rayonnant de l'antiquité grecque; nous les voyons encore plus directement, s'il est possible, dans les œuvres de théâtre, car le théâtre exige la vie rayonnante, la

vie agitée, le tumulte des passions. Alors, ce que le théâtre incarne dans un Eschyle, dans un Sophocle, ou dans celui qui est le plus humain des trois grands tragiques grecs, dans Euripide, prend une vitalité singulière, une inlassable splendeur. Les marbres tout à l'heure évoqués sont des héros, des héroïnes, que nous voyons, entendons, que nous aimons. Ils vivent de la vie coutumière et d'une sublime immortalité.

∞

Quelles sont ces figures spécialement belles, décoratives, bien grecques, et plus que grecques, bien humaines, qui sont venues jusqu'à nous, de par l'adoption du génie? Nous voyons d'abord quatre groupes, quatre bons ménages. Quatre bons ménages, en toute l'antiquité classique, c'est bien quelque chose! Il en fut certainement plus que cela, j'en suis persuadé; mais, enfin, entre les ménages excellents, il en fut quatre fameux: c'est Pénélope et Ulysse, Pénélope qui ne se lasse jamais d'espérer contre toute espérance, qui attend son éternel vagabond, Ulysse. Permettez-moi de vous citer ces deux vers qui dérivent de cette légende lointaine, vers que j'emprunte à Legouvé. Pénélope écrit, ou est censée écrire à Ulysse, et lui dit :
— Viens vite, car, plus tard,

> Je n'aurai de ma jeunesse
> Que le cœur qui t'aima toujours.

Missive délicate et charmante.

A côté de ce ménage, voilà, dans la cité de Troie elle-même, Andromaque et Hector. Rappelez-vous cette scène de *L'Iliade* si belle, si grandiose, si humaine! Hector va partir pour combattre, combattre pour la dernière fois, car il mourra dans la bataille. Sa femme, Andromaque, vient à lui; elle tient dans ses bras le petit Astyanax. L'enfant lève ses menottes pour jouer avec le panache formidable et menaçant — dont il s'amuse cependant — qui décore le casque de son père. Cela est vivant; nous le voyons, et c'est encore resté délicieux à travers tant de siècles, parce que cela est vrai.

Voici deux autres ménages qui devaient entrer, en quelque sorte, dans l'adoption des âges, et dans celle, désirable entre toutes, du chevalier Gluck : c'est le double ménage d'Orphée et d'Eurydice, d'Alceste et d'Admète. Ils se font en quelque sorte pendant, mais les rôles sont renversés. C'est Orphée qui va aux enfers, charme les monstres aux résonances de sa lyre, ou plutôt de son cœur, triomphe du Destin, et ramène au jour Eurydice, du moins pour quelques instants bien courts. Mais c'est la fatalité d'un grand bonheur de ne guère compter de lendemains. Dans le ménage Alceste et Admète, c'est la même chose, sauf que c'est tout le contraire. Encore une fois, les rôles sont renversés. Admète est un roi bien servi, bien apparenté. Un dieu garde ses moutons, Apollon; il a de belles relations; Hercule est son ami. Cependant, les oracles ont annoncé qu'Admète allait mourir si quelqu'un ne s'offrait

témoignage de Racine qui s'y connaissait, Alceste est un admirable sujet de tragédie. Peut-être avait-il rêvé de l'écrire, mais il en laissa le soin à Quinault, aidé de Lulli. Avant Gluck, en effet, Lulli devait composer un opéra: *Alceste*. Cette première *Alceste* fut représentée devant Louis XIV, au château de Saint-Germain, dans une grande salle que vous connaissez peut-être, qu'a reconstituée, der-

Hector faisant ses adieux à Andromaque.

à la mort en sa place. Il ne faut pas espérer ce dévouement de l'amitié la plus dévouée, ni des sujets les plus fidèles; et Alceste s'écrie: « L'amour seul en est capable. » Gluck aidant, ce cri est admirable. Alceste s'offre donc à la mort pour sauver son mari. Et observez cette différence : quand un homme sauve la vie d'une femme, un époux la vie de son épouse, la femme, l'épouse grandit, de par la tendresse qui l'environne, le dévouement qu'elle inspire. Orphée sauve Eurydice et Eurydice ne paraît nullement diminuée de cette aventure. Au contraire, si le mari n'est pas le sauveur, mais le sauvé dans ce conflit matrimonial, ce mari décline un peu. *(Rires.)* Ainsi Admète, malgré ses belles relations dont je vous parlais tout à l'heure, me paraît un personnage quelque peu secondaire, presque pitoyable. Et, pourtant, au

nièrement, dans toute son élégance, le bon architecte Daumet. De cet opéra, est resté spécialement un air magnifique, l'air de Caron:

Il faut passer dans ma barque,
Il faut passer tour à tour,
Le berger et le monarque...

C'est d'une grandeur sublime, et que nul, pas même Gluck lui-même, n'a dépassée.

Voilà donc les personnages qui représentent les vertus conjugales. Vous voyez, dans cette même antiquité grecque, la candeur, la jeunesse, la simplicité, les aimables rêves d'une jeune fille, très pure, mais qui aspire à l'amour, à ses joies légitimes, et c'est le personnage d'Iphigénie. Vous savez ce qu'en a fait Racine, et vous savez aussi ce que devait en faire, un jour, le chevalier Gluck.

Evoquons quelques autres de ces grandes figures de la Grèce antique. Electre représente la fille dévouée au souvenir de son père, et qui, de complicité avec un frère qu'elle aime, Oreste, poursuivra la vengeance de la mort sanguinaire et atroce d'Agamemnon, égorgé par sa femme Clytemnestre. La figure est tragique et superbe. Enfin, voici une des plus sublimes émanations du génie grec, une des images les plus pures de l'antiquité: Antigone. Antigone est dévouée à son père, qui s'est crevé les yeux pour ne plus voir, en quelque sorte, dans ce monde, les crimes atroces dont il est, tout à la fois, coupable et innocent. Lorsque Œdipe a disparu, Œdipe qui disait: « Antigone me reste, Antigone est ma fille... », la tâche d'Antigone n'est pas finie.

rien de plus noble, de plus grand et de plus pur. *(Applaudissements.)*

∾

Auprès, au-dessous de ces figures si touchantes et si nobles, il y en a une, dont la pensée vient tout de suite à votre esprit, et qui doit d'autant plus ne pas être oubliée que vous entendrez, tout à l'heure, un air emprunté à un opéra où elle joue un rôle considérable: c'est Hélène.

Gluck a composé un opéra d'*Hélène et Pâris*. C'est un opéra écrit sur des paroles italiennes, et qui fut représenté à Vienne en 1769.

Hélène est une figure bien séduisante, — je ne vous dis pas qu'elle est édifiante, — mais, enfin, elle est si belle, elle est si bonne, peut-

Frise du Parthénon. (*British Museum.*)

Je vous cite un opéra d'Œdipe, œuvre de Sacchini: Sacchini n'est pas Gluck; mais, comme c'est le suivant, le successeur de Gluck, et que, parfois, il eut autant de talent que Gluck pouvait avoir de génie, cela rentre un peu dans le sujet que nous traitons aujourd'hui.

Après s'être consacrée à son père, Antigone se consacre à son frère, Polynice, mort de mort violente. Dans la belle antiquité, on ne meurt jamais dans son lit; tout se termine magnifiquement par des tragédies. Le roi Créon a défendu qu'on donne la sépulture à Polynice; mais Antigone accomplit ce devoir pieux, devoir de famille; elle tient tête à la tyrannie, elle ose dire: « Je suis née pour aimer et non pas pour haïr! » C'est une pensée, une parole très fière, presque chrétienne. Antigone se dresse en face de la tyrannie; elle atteste qu'il y a quelque chose de plus fort que les ordres d'un roi, que les lois humaines, c'est le cri d'une conscience profonde et sainte. Cela est très beau et cela est très grand. Le personnage d'Antigone domine, on peut le dire, l'antiquité; et la Grèce n'a jamais conçu

être trop bonne, qu'en vérité, son sourire a traversé les temps, et, aujourd'hui encore, nous en sommes épris. Rappelez-vous cette scène si captivante, que j'emprunte encore à *L'Iliade* et à Homère: Hélène sort de Troie, elle traverse les Portes Scées. Là, sont réunis quelques vieillards. Ils savent bien que leur ville est vouée à une destruction prochaine; ils voient tous les jours que le sang coule à flots pour cette femme; et ces vieillards, dont le foyer est dévasté, qui pleurent des larmes bien cruelles en voyant succomber les plus chers de leurs enfants, disent, regardant Hélène: « Elle est bien belle! » Et ils comprennent qu'on se fasse tuer pour elle. N'est-ce pas d'une singulière grandeur? Ces hommes en deuil n'osent pas maudire cette femme, tant elle est belle, songeant que sa beauté est la rançon de tant de crimes, de tant de désastres et de tant de morts. *(Applaudissements.)*

Il devait arriver cette chose singulière qu'un homme, à travers tant de siècles, devait retrouver la pensée grecque dans sa splendeur, dans sa noblesse : cet homme, c'est le chevalier Gluck. A quelques-unes de ces héroïnes, Hélène, Iphigénie, Eurydice, Alceste, il a imposé comme une seconde et magnifique paternité.

❧

Ce n'était pas un érudit. Fils d'un garde-chasse du Palatinat, il avait fait quelques études sommaires dans un petit collège de Jésuites, pauvre bagage. Dans sa famille, on ne voit rien qui le préparât directement à la carrière de musicien. Mais, enfin, le génie est comme une graine qui traverse l'espace pour aller germer au hasard et qui s'épanouit un jour, ici ou là, on ne sait pourquoi. Il y a là un mystère que nous ne connaissons pas. A l'entour de quelques grands musiciens, comme Mozart, comme Bach, on trouve tout un milieu qui préparait, en quelque sorte, l'admirable développement de leur génie. Gluck a du génie et cela ne lui est pas venu de son entourage.

Il voyage beaucoup. Au reste, à cette époque, on appelait volontiers dans les Cours, dans les capitales, chez les prélats fastueux, les musiciens en vue; c'était une mode, ou, si vous voulez, un goût, une fascination. Quelquefois, on les payait bien.

Gluck séjourne successivement à Rome, à Naples, dans toute l'Italie; il se pénètre du génie italien, tout en étant Allemand de naissance. Il court l'Allemagne. Nous le trouvons à Vienne, puis en Danemark, à Londres, enfin à Paris.

Qu'est-ce qui l'amène à Paris? C'est Marie-Antoinette, encore dauphine. Dans son enfance, Gluck avait donné des leçons de musique, et il ne les faisait pas payer bien cher; on le payait en nature, on lui donnait des volailles et des œufs frais. Vous voyez qu'à la condition de se nourrir d'omelettes, il ne risquait pas de mourir de faim. *(Rires.)* Mais, avec Marie-Antoinette, il fut mieux récompensé des leçons qu'il lui avait données!

Le voilà donc qui arrive à Paris, peu de mois avant la mort du roi Louis XV. Il a soixante ans et une réputation considérable le précède. C'est un homme de génie, mais c'est aussi un homme très habile. Ce musicien est, en même temps, un dramaturge d'une puissance singulière; c'est un diplomate adroit, un homme qui sait parler aux grands, il sait même être courtisan sans jamais s'abaisser; enfin, il sait être le maître.

Le jour où les portes de l'Opéra lui seront ouvertes, de par l'influence de la reine, je vous réponds qu'il n'y a plus qu'une volonté dans la maison, la sienne.

Ici, je dois vous signaler ce fait qui est bien curieux et qui est à l'éloge du sexe féminin. Trois fois, les portes de l'Opéra s'ouvrirent sous une influence féminine et comme devant une main de fée. A Marie-Antoinette, nous devons Gluck. Sans elle, la France aurait pu connaître le génie de Gluck; mais, par elle, ce génie est devenu nôtre. Marie-Antoinette ouvre toutes grandes les portes de l'Opéra. Quelques années plus tard, la reine Hortense, par ses instances extrêmement vives, fait ou-

Le compositeur Gluck.

vrir ces mêmes portes à Spontini et à sa *Vestale*. Enfin, sous Napoléon III, la princesse de Metternich obtenait de l'empereur qu'on entr'ouvrît du moins la porte de l'Opéra à un homme qui était destiné à y entrer bruyamment et brillamment, et qui, du reste, le méritait, mais qui, tout d'abord, trouva une grande résistance : Wagner. Trois grands avènements; et, chaque fois, une femme les prépare et les décide. Une femme a deviné, alors que les hommes ne comprenaient pas encore.

Lorsque Gluck est à l'Opéra, — je vous le disais, — il est le maître. On allait le voir aux répétitions; efforçons-nous de l'y retrouver, nous aussi. On l'attend; il arrive: il tend son chapeau à l'un, sa canne à l'autre, et les plus grands seigneurs s'empressent à les recevoir. Il parle, on écoute; il commande, on obéit, les chanteurs, les chanteuses, que dis-je! les danseurs! *(Rires.)* Vestris a trouvé là son maître. Vestris qui disait, vous le savez :

— Il y a trois grands hommes dans le

siècle : le roi Frédéric, M. de Voltaire et moi. *(Rires.)*

Eh bien! Vestris trouve à qui parler, ou, plutôt, il trouve devant qui il doit baisser la tête, les jambes et se taire. Maintenant, par contraste, revoyons ce pauvre Piccini, que l'on veut opposer à Gluck; Piccini, qui a du talent, mais qui n'est pas un lutteur. Tout à l'heure, on voyait le visage de Gluck

Le danseur Vestris.

ravagé, grêlé, tout couturé de variole, beau cependant, puissant et formidable, tel un temple souverain qui, sous les ravages des temps et des hommes, montre encore ses grandes lignes et ses magnifiques architectures. Maintenant, nous avons la bonne figure de Piccini.

On répète un de ses opéras, *Didon* peut-être. Il est venu, mais il s'est laissé tomber dans son fauteuil; on oublierait qu'il est là, si, de temps en temps, n'arrivait jusqu'à la scène quelque lamentation, un soupir désolé.

— Vous n'êtes pas content? lui dit un ami. Ça va mal?

— Oh! *tutto i va mal! tutto! (Rires.)* Et c'est tout ce que l'on peut tirer de lui.

Du reste, jusqu'à la fin, la destinée de l'un et de l'autre devait être bien différente. Gluck se retire à Vienne, où il meurt avant la Révolution, — c'est une chance, — et il meurt riche, laissant une fortune de plus de six cent mille livres; pour le temps, c'est énorme! Et le pauvre Piccini reste à Paris,

au milieu des orages de la Révolution, et il y meurt, en 1800 ou 1801, oublié et misérable. C'est, cependant, une figure touchante, et qu'il faut saluer de quelque sympathie. *(Applaudissements.)*

L'opéra, tel que l'a compris Gluck, est une tragédie en musique. Après les badinages charmants de quelques ouvrages bouffes, Gluck a toujours traité des sujets tragiques. Ce qui caractérise spécialement son génie, c'est l'adoption très intime du drame, de la passion qu'il doit exprimer, et même de la parole dans ses détails. Gluck ne craint pas du tout d'écrire de la musique sur des paroles françaises, alors que l'italien semblait la langue d'élection que voulait à peu près partout se réserver la musique. Les opéras représentés à Vienne étaient en italien; il en était de même pour les opéras représentés à Londres. Gluck est tellement imprégné de passions humaines bien comprises que ses œuvres sont restées vivantes. C'est là le secret de cette longévité admirable, et de l'actualité même des opéras de Gluck.

Voyez la musique à travers les siècles. On a beau l'aimer, il faut reconnaître que la musique de théâtre, quelquefois, vieillit assez vite. Je crois, mesdemoiselles, que vous n'entendriez pas, d'un bout à l'autre, un opéra de Lulli reconstitué, comme on le voyait sous Louis XIV, et faisant les délices de la Cour la mieux policée du temps; vous n'entendriez pas, dis-je, cet opéra d'un bout à l'autre, sans que votre sourire s'altère dans un bâillement étouffé, avant le cinquième acte. Voyez! naguère, l'Opéra a donné un ouvrage entier de Rameau, et Rameau avait du génie, *Hippolyte et Aricie*, et cela ne devait pas aller sans quelque lassitude.

Gluck est resté vivant, et ses œuvres sont du marbre par la puissance, du marbre vivant et vibrant. Ses opéras ont à peu près cent trente ans d'existence en moyenne, et ils ont gardé encore le chemin de notre pensée, le chemin de nos oreilles et le charme de nos regards. Ceci est extraordinaire et ne saurait être trop proclamé.

Gluck procède donc de la Grèce antique; mais il a aussi des côtés qui sont du temps de Louis XVI. Rappelez-vous, dans *Iphigénie*, ce chœur :

> « Rassurez-vous, belle princesse,
> Achille sera votre époux »

Cela sent son Louis XVI! Et, dans *Alceste*, lorsque l'on dit :

> Un roi, l'ami de ses sujets...

Un roi, l'ami de ses sujets! Cela, c'est du

Louis XVI tout pur. Louis XVI, lui aussi, fut, ou du moins voulut être l'ami de ses sujets; et vous savez où cette amitié trop déférente devait le conduire. Ce n'est pas sous Louis XIV qu'on aurait jamais dit qu'il y avait un roi, l'ami de ses sujets! Le père, peut-être; l'ami, oh! non!

Mais cette antiquité admirable fait songer quelquefois, dans Gluck, à ces jolis petits temples vaguement grecs, qui fleurissent au

musicien, le mieux est toujours de le faire entendre lui-même, car personne ne saurait mieux parler d'un créateur que ses créations. Vous allez donc entendre Mlle Raveau et Mlle Darbell, de l'Opéra-Comique, qui, l'une et l'autre, sont de bonnes confidentes de Gluck. Elles le comprennent, et elles sont dignes d'interpréter ce génie magnifique; je n'imagine pas que je puisse faire d'elles un plus grand éloge. Enfin, vous entendrez tout à l'heure jouer

Le Paradis.
L'Enfer.
Le Jugement Dernier, par FRA ANGELICO.
(*Musée de Florence.*

Petit Trianon; à ce temple de l'Amour, — que vous connaissez, — d'une élégance suprême. C'est exquis, mais c'est un peu de son temps. De même, dans Gluck, des élégances apparaissent, qui sont comme d'un décor Louis XVI. Une mignonne colonnade jaillit; mais en arrière, plus haut, monte toujours quelque colonnade puissante et solide, où s'éternisent un temple lointain et le génie de la vieille Hellade.

Mais, pour parler dignement de Gluck, il faudrait la voix, éteinte maintenant, d'un homme que vous n'avez pas oublié, d'un ami qui me fut très cher, de Bourgault-Ducoudray. Je vous avoue que, parlant ici de la musique, à ce moment même, je ne puis échapper à la hantise de son souvenir! Vous savez combien cette figure fut grande, noble, généreuse, et, si je vous dis quelque chose de Gluck qui s'approche un peu de ce beau génie, c'est que je m'inspire et me souviens de ce qu'en pensait Bourgault-Ducoudray. *(Applaudissements.)* Mais il vous dirait aussi que, parlant d'un

sur la flûte un air des Champs-Elysées, emprunté à l'opéra d'*Orphée*.

Permettez-moi, à ce sujet, un seul souvenir. Cet air des Champs-Elysées est une pure merveille. Vous savez que toutes les religions, presque toutes du moins, ont supposé, ont imaginé et nous présentent la vision lointaine de paradis délicieux et reposants. L'imagination humaine a été quelquefois bien défaillante pour se figurer ces joies suprêmes et qui ne doivent pas connaître de fin. Autant notre pauvre génie humain est fécond, lorsqu'il s'agit d'imaginer des douleurs, des supplices, des horreurs et des épouvantes, autant il est maladroit et gauche quand il s'agit d'imaginer des joies innombrables et illimitées. Eh bien! deux hommes singulièrement différents ont, à mon avis, imaginé les joies éternelles avec une grâce, une puissance, une grandeur qui, véritablement, pénètre la pensée et nous ouvre des horizons infinis. Ces deux hommes sont Fra Angelico et le chevalier Gluck. Certes, ils sont différents: Il s'agit d'un moine qui n'a guère quitté sa cellule, et il s'agit d'un musicien qui vivait dans l'intimité des rois, des reines, voire des reines de théâtre. Florence et le couvent de Saint-Marc, Paris, Versailles, voilà ce qui s'oppose et qui, pourtant, se rapproche, une fois par hasard. A Florence, si vous y allez, il faut voir un admirable tableau de Fra Angelico. Cela re-

Orphée ramenant Eurydice au jour.

présente le Paradis (il y a aussi l'Enfer à côté, mais l'Enfer n'a pas inspiré Fra Angelico, trop angélique pour ces choses infernales). Ce Paradis est une prairie constellée de fleurs, où passe une sorte de danse calme et sereine; les danseurs sont les élus. (Il y a beaucoup de moines dans les élus, Fra Angelico n'a pas oublié ses frères et ses amis!) Et ces élus se tiennent par la main, ils vont lentement; c'est une placide farandole. La musique accompagne; les anges blancs, roses, vêtus d'azur ou d'or, jouent d'instruments divers : du violon, de la mandoline. Ils ont même de petites trompettes, mais qui doivent gazouiller plutôt qu'éclater. Cela est exquis, délicieux, et de ce tableau se répand une harmonie grave, une joie pure qui flotte à l'entour de ces personnages tout à la fois humains, et déjà presque divins.

Gluck n'a jamais vu les peintures de Fra Angelico, ou, s'il les a vues, il n'y a rien compris, n'en doutez pas. Sous Louis XV et

Louis XVI, on ne regardait même pas la peinture de Fra Angelico! Et, pourtant, Gluck a fait aussi en musique les Champs-Elysées et il a trouvé cette sérénité merveilleuse, ce calme si reposant, cette joie qui s'épanche et qui nous pénètre. C'est un délice et vous allez le goûter. *(Applaudissements.)*

❧

Mlle Raveau va vous chanter un air emprunté à *L'Alceste*, de Gluck.

(Chant.)

(Mlle Raveau est acclamée.)

Maintenant, nous allons nous retrouver à Troie en compagnie d'Hélène et de Pâris.

L'opéra ainsi intitulé fut représenté à Vienne en 1769, je vous l'ai dit, et Gluck ne vint en France qu'en 1774.

Mlle Sonia Darbell va vous chanter en italien un air d'*Hélène et Pâris;* je ne crois pas que cet opéra ait jamais été représenté en France.

(Chant.)

(Longs applaudissements.)

❧

Entrons, maintenant, dans le Paradis d'*Orphée*.

Tout à l'heure, je vous parlais des initiatives féminines et de l'influence qu'avaient eue les femmes sur l'opéra. Ce fut aussi l'initiative d'une femme qui rendit le répertoire de Gluck à l'Opéra. Ce répertoire était très abandonné. Meyerbeer, Halévy et Rossini — que j'admire infiniment — tenaient la scène et ne laissaient rien passer qui ne fût leur ouvrage; on désertait complètement Gluck, et ce fut Mme Viardot qui ramena *Orphée* à l'Opéra, de même qu'Orphée avait ramené Eurydice au soleil et à la joie de vivre, au moins pour quelques instants. Heureusement, les opéras de Gluck ont vécu plus longtemps à la lumière reconquise. Ceci devait être signalé : c'est donc à Mme Viardot que l'Opéra a dû de reprendre *Orphée*, puis *Alceste*.

La version première n'était pas écrite pour une femme; le rôle d'Orphée fut créé, du temps de Louis XVI, par un ténor qui s'appelait Legros. Il paraît que son intelligence était moins étendue que sa voix.

Je laisse la parole, maintenant, à M. Fleury; c'est une façon de s'exprimer, mais qui est juste, car il n'est rien de mieux disant que la flûte de M. Fleury. *(Applaudissements.)*

C'est encore à l'opéra d'*Orphée* que sont empruntés les derniers morceaux que vous allez entendre et, j'en suis persuadé, que vous allez applaudir. Vous savez quel a été le succès prodigieux de cette légende admirable d'Orphée, et ce n'est point par hasard, me semble-t-il, que le premier opéra essayé du temps d'Henri IV, à Florence, — lorsqu'un groupe d'archéologues, de musiciens, dont Peri, Caccini, d'amateurs, de lettrés, recherchaient le secret de la tragédie antique, — que le premier opéra naissant fût un *Orphée*. Orphée ne saurait donc périr; mais il appartenait à Gluck de le glorifier comme jamais.

Je vous ferai observer — ce que j'aurais déjà dû vous dire — que cet Allemand, qui avait beaucoup d'éducation italienne, ne devait trouver le développement complet de son génie qu'en France, et non par le fait de ses collaborateurs, car les collaborateurs de Gluck sont des librettistes assez secondaires : il ne devait jamais rencontrer autour de lui l'équivalent d'un Quinault, très habile inspirateur de Lulli, ou d'un Voltaire et d'un Gentil-Bernard, qui travaillèrent avec Rameau. Les librettistes de Gluck sont donc assez négligeables. Mais il y a un librettiste qui dominait: c'était le génie français. La France a collaboré avec Gluck, et, si elle n'a pas créé le génie de Gluck, elle a certainement ajouté à ce génie la clarté, l'élégance, le charme, la mesure, ce qui est bien dans le génie français. C'est chez nous que Gluck a trouvé son épanouissement complet, et vous savez que cela devait se vérifier plusieurs fois avec d'autres maîtres dans l'art qui nous est cher. Donc, en applaudissant le chevalier Gluck, mesdemoiselles, mesdames et messieurs, vous applaudissez aussi un peu le génie de la vieille France. *(Applaudissements.)*

(Chant.)

(Vifs applaudissements.)

Je vous disais qu'en applaudissant Gluck, vous applaudissiez beaucoup le génie français. Mais il me semble qu'à l'heure où je parle, la musique française jette un éclat tout particulier.

Hier encore, un charmeur, M. Massenet, qui n'a pas épuisé tous ses charmes, montait en quelque sorte en croupe derrière le chevalier de la Triste Figure, et montait si bien que le chevalier, enveloppé en quelque sorte d'une vie nouvelle et d'un sourire printanier, partait, victorieusement cette fois, pour de merveilleuses aventures.

Eh bien! tout à l'heure, dans quelques instants, une œuvre va se produire à Paris: *L'Ancêtre*, qui est d'un musicien que vous aimez, un musicien qui est grand, un musicien qui est essentiellement français. Je ne sais pas quel oracle rendra cette divinité, le public, — je ne suis pas dans sa confidence; mais je sais en quelle haute admiration vous tenez ce maître, Saint-Saëns. Je vous demande de penser à lui, à moi, et je suis convaincu que vos sympathies nous seront d'un heureux présage. *(Applaudissements prolongés.)*

AUGÉ DE LASSUS.

ORPHÉE

Opéra de GLUCK — Air chanté par Mme Alice Raveau

_di _ ce, Rien n'é _ ga _ le mon mal _ heur; sort cru _ el! _ quel de ri _
_gueur! Rien n'é _ ga _ le _ mon mal _ heur! Je suc _ combe à _ ma dou _
_leur! Euri _ di _ ce, Euri _ di _ ce, ré _
_ponds, quel sup _ pli _ ce! ré _ ponds _ _ _

Adagio.
- -moi! C'est ton é-poux, ton époux fi - dè - le En - tends ma voix qui t'ap-
1º T?
- pel - le, ma voix qui t'ap-pel - le! J'ai per-du mon Eu - ri - di - ce, rien n'é-
-ga - le mon mal - heur; sort cru - el... quel-le ri - gueur! Rien n'é -
-ga - le - mon mal - heur! Je - suc...combe à - ma dou - leur!
p
fp
fp
p
fp
sf
sf
f

LA LOI AU FOYER

24 Leçons familières spécialement écrites pour nos abonnés, par M. Pierre GINISTY

HUITIÈME LEÇON

Les Droits de la Femme Mariée

Dans un précédent article, cousines, je vous indiquais quels devoirs le Code prescrivait à la femme mariée, et, parmi ceux-ci, je traitais surtout de l'obéissance, au risque de froisser votre amour-propre... Vous attendez sans doute, aujourd'hui, la contre-partie, un chapitre réservé aux droits de la femme mariée. Elle en a, maintenant. Mais il n'en a pas toujours été ainsi, et, avant l'année 1907 surtout, j'aurais été quelque peu embarrassé... Je crois même que la nomenclature complète de ces droits eût tenu en quelques lignes fort brèves.

Le parfait gentilhomme que fut Alfred de Vigny disait, un jour, qu'on ne devait pas aborder les femmes en leur disant « bonjour », mais « pardon ». Ce mot expressif pouvait s'appliquer à la longue sujétion de la femme mariée, tenue, par l'esprit du Code, à n'exercer aucune action en dehors de son foyer. Sans doute, c'est le premier de ses devoirs; mais, enfin, il peut s'accommoder de quelque liberté. De cette liberté, elle était — au moins théoriquement — privée par la loi, qui la soumettait entièrement à la volonté, parfois à l'arbitraire du mari. Elle avait, tout au plus, voix consultative, et vous savez ce que vaut une opinion dépourvue de la possibilité d'une sanction.

Les hommes de toutes les époques et de tous les pays (ou à peu près), avec un accord touchant et une entente qui ne leur est guère coutumière, avaient relégué la femme au second plan, et lui avaient refusé l'exercice de la plupart des droits. Il faut bien que tout n'ait pas été vain dans les revendications féministes, même quand elles se produisaient avec une fougue parfois excessive, puisqu'elles ont fini par convaincre les hommes qu'ils devaient tout de même à la femme un peu plus d'équité.

Pour justifier — ou tenter de justifier — l'état d'infériorité dans lequel ils plaçaient la femme, ils trouvaient des prétextes. Ils se basaient même sur les mœurs antiques. Les Romains disaient de la femme qu'elle avait l'esprit trop futile *(levitas animi)* pour contracter, vendre, faire, en un mot, acte d'homme Les Germains, de leur côté, regrettaient hypocritement la faiblesse physique de la femme, qui l'empêchait d'avoir une situation égale à celle de l'homme. C'est ce dernier argument que Portalis, l'un des jurisconsultes qui eurent le plus de part à la rédaction du Code civil, reprendra quand, bien des siècles plus tard, il écrira:

« La femme a besoin de protection parce qu'elle est la plus faible; l'homme est plus libre parce qu'il est le plus fort... »

Quelles que soient les explications données, le fait brutal est là. Jusqu'à ces dernières années, la femme mariée ne jouissait d'aucun droit particulier. De ces droits, elle en a conquis aujourd'hui; encore y a-t-il des impatientes qui les trouvent bien modestes.

Condorcet — un des premiers féministes, sans doute — demandait, jadis, de proclamer l'égalité parfaite au point de vue légal entre l'homme et la femme.

Cette réforme, qui est attendue maintenant, surprit, à cette époque, étonna, provoqua même quelques sourires. Le législateur devançait les mœurs; ce sont les mœurs, aujourd'hui, qui attendent un législateur...

Tout au plus, la femme pouvait-elle, avant la loi de 1881, la première loi en sa faveur, prendre des dispositions testamentaires, renoncer à son hypothèque légale, donner enfin son consentement au mariage. A part ces droits, et quelques autres moins importants, elle ne pouvait rien faire sans l'autorisation maritale. Dans *L'Aiglon* de notre grand Rostand, le petit duc de Reichstadt ne se plaint-il pas du sort qui lui est réservé à Schœnbrünn?

« Je ne suis pas prisonnier, mais... »

Il y a toujours un *mais*. Il en était de même pour la femme mariée; elle n'était pas prisonnière..., mais, en définitive, elle ne pouvait que ce que son mari lui permettait de faire.

Deux lois: celles du 9 avril 1881 et du 20 juillet 1895, sont venues améliorer la condition de la femme mariée. Elles lui permettent, quel que soit le régime de son contrat, de se faire ouvrir des livrets de Caisse d'épargne, sans l'assistance du mari, et de retirer, sans cette assistance, les sommes inscrites aux livrets ainsi ouverts, sauf, toutefois, opposition du mari.

Cette première concession faite à la femme mariée parut, sans doute, au législateur un peu osée, puisqu'il s'empressa de donner au mari la facilité d'empêcher sa femme de toucher seule les sommes déposées.

L'élan, malgré tout, était donné; cette première loi d'émancipation féminine devait en entraîner d'autres, et celle de 1886, notamment, qui autorise la femme à déposer à la Caisse nationale des retraites pour la vieillesse des sommes échappant au contrôle du mari; mais il est, toutefois, entendu que ces sommes sont prélevées sur les gains personnels.

Cette épargne, ces prévoyantes économies, restent la propriété exclusive de la femme; le mari ne peut se les faire restituer.

Ne peut-on songer, sans un certain étonnement mêlé d'un peu d'amertume, qu'il a fallu trente-six ans au législateur (la première Caisse des retraites pour la vieillesse date de 1850) pour comprendre que la femme avait aussi ce droit si simple, si juste, si naturel: celui de mourir en paix, en assurant sa vieillesse sans avoir besoin de demander une autorisation?

Je sais que les adversaires de ces modifications (car il y en eut) les trouvaient superflues, en invoquant l'article du Code sur l'obligation de l'aide et protection du mari à sa femme.

Mais la réalité dément parfois cette protection théorique, et il était utile d'aviser, en laissant à la femme sa propre initiative.

Les lois de 1881 et 1886 réparent de véritables dénis de justice; la loi de 1893 fait mieux: elle supprime un non-sens, — on peut même dire une complète absurdité.

Songez, mesdemoiselles, qu'avant cette loi raisonnable, une femme séparée de corps ne pouvait même pas vendre un de ses immeubles, faire plus qu'un acte d'administration, sans demander au mari qu'elle ne voyait plus son autorisation!

Il n'y a pas besoin d'être grand clerc pour comprendre que, si des époux se séparent, c'est probablement qu'ils ne peuvent vivre ensemble. (M. Prudhomme serait certainement de cet avis.)

Mais, s'ils ne peuvent vivre ensemble, c'est, sans doute, qu'il existe entre eux de graves mésintelligences. On comprend aisément, dans ces conditions, ce qu'il y avait d'humiliant pour la femme, d'incompatible avec sa dignité, de solliciter l'autorisation d'un homme devenu pour elle un étranger, dont elle avait probablement à se plaindre. Il y avait des chances pour qu'il ne fît pas droit à sa demande.

A moins de posséder dans le cœur une générosité cornélienne, il est rare que l'on oblige ceux faisant l'objet de vos ressentiments. Pour éviter le gros préjudice que ce refus pouvait lui causer, la femme devait plaider; mais vous vous souvenez qu'une femme ne peut ester en justice sans l'autorisation de son mari. Et, alors, il arrivait cette chose incroyable, ridicule, vaudevillesque: la femme devait demander à son mari la permission de plaider contre lui-même. Je sais bien qu'il lui serait toujours loisible de solliciter cette autorisation du tribunal qui a mission, de par la loi, de remplacer les maris grincheux; mais je me demande, néanmoins, si une situation aussi saugrenue n'a pas tenté, jadis, le critique fin et si vrai qu'est Courteline.

J'arrive, maintenant, à cette loi de 1907, que je vous annonçais tout à l'heure. En bouleversant la conception établie du ménage, elle a fait naître, pour la femme mariée, des droits jusqu'ici ignorés et dont l'importance ne vous échappera pas. Elle vous échappera d'autant moins et vous comprendrez la nécessité de ces réformes, si vous jetez un coup d'œil sur ce qui se passait ou pouvait se passer au foyer avant 1907.

Avant cette date, la femme mariée (et ceci est d'une importance particulière dans les milieux ouvriers) pouvait travailler, peiner, enterrer les plus belles années de sa jeunesse à l'usine, à l'atelier, en pure perte, ou, plus exactement, pour le seul profit de son « seigneur et maître ».

En effet, celui-ci, par une simple opposition pratiquée entre les mains du patron ou du chef d'industrie, touchait le produit du travail de sa femme, et l'employait — hélas! trop fréquemment — à des soins tout à fait étrangers au ménage. La femme pouvait voir alors, avec douleur, l'argent qu'elle avait laborieusement gagné, dilapidé de mille façons.

Et, cependant, là-bas, dans le logis sans feu, ses enfants avaient froid, avaient faim; un propriétaire impayé menaçait de donner congé; des fournisseurs refusaient tout crédit.

Un semblable état de choses ne pouvait durer.

Depuis quatre ans, on n'admet plus légalement qu'un mari débauché et paresseux vive aux crochets de sa femme.

La femme, depuis 1907, a la libre disposition de son salaire, à condition qu'elle contribue aux charges du ménage. Elle peut, avec l'argent provenant de son travail, acheter des valeurs mobilières, même un lopin de terre, si, par de patientes et constantes économies, elle a pu réaliser la somme suffisante. Non seulement le mari n'a plus la liberté de toucher le salaire de sa femme, à la source de son revenu; mais celle-ci, par une procédure très simple (une lettre missive envoyée au juge de paix), peut obtenir un jugement l'autorisant à percevoir le salaire de son mari, « au cas où celui-ci ne rapporterait rien chez lui ».

C'est là, sans doute, un cas ne vous intéressant pas personnellement; mais cet élargissement du Code en faveur de la femme est un fait important, et l'on peut dire qu'il est caractéristique à une époque.

Nous verrons, dans un prochain article, les conquêtes légales, plus récentes encore, de la femme.

Le législateur, si longtemps indifférent, semble avoir à cœur de montrer une activité et une audace qui répondent aux vœux de l'opinion..., au moins de l'opinion féminine.

(A suivre.)　　　　　　　**PIERRE GINISTY.**

Le Voyage d'Art en Provence

Nous préparons un grand numéro spécial sur ce voyage en Provence, qui fut une vraie fête de l'art et de l'esprit. Dans ce numéro, paraîtront *in extenso :*

LES CONFÉRENCES

La Vie et l'Œuvre de Mistral, conférence de **M. Charles FORMENTIN** prononcée en Avignon.

Laure et Pétrarque, conférence de **M. Adolphe BRISSON** prononcée devant la Fontaine de Vaucluse.

Le Théâtre Populaire, conférence de **M. Jean RICHEPIN** prononcée au Théâtre de Nîmes.

Grèce et Provence, conférence de **M. Jean RICHEPIN** prononcée au Théâtre Antique d'Orange.

LES AUDITIONS

Les Sonnets de Pétrarque, lus par **M. Mounet-Sully.**

Les Chansons Populaires Provençales, chantées par **Mme Julia Guiraudon.**

Les Poésies de Mistral, lues au cours du Voyage.

Quelques-uns des Sonnets primés au Concours des Sonnets.

Les Poésies de circonstance.

Les Allocutions prononcées au cours du Voyage, etc., etc.

Ce numéro exceptionnel contiendra, en outre :

Le Récit du Voyage fait par une Universitaire (le meilleur récit du concours) ;

Des Fragments d'Articles parus dans la presse parisienne : M. Jules Claretie, de l'Académie française ; M. Boissy, d'*Excelsior;* M. Romain de Jaive, de *Comœdia ;* M. Bauer, de *l'Echo de Paris ;* M. Helsey, du *Journal ;* M. Talmont, de *L'Eclair ; L'Illustration, La Vie Heureuse ;*

Et nous emprunterons à la presse locale : Marseille, Lyon, Toulouse, Montpellier, Avignon, Nîmes, Arles, Orange (qui a publié d'admirables articles sur ce voyage d'art), des pages d'un haut intérêt.

Nous publierons également des *Pages de Mistral,* et de l'*Entomologiste Fabre,* susceptibles d'éclairer ces deux grandes figures.

Enfin, nous détacherons des beaux ouvrages parus sur la Provence, de Charles Roux, Paul Mariéton, Alexis Mouzin, Jean Aicard, Alphonse Daudet, marquis de Baroncelli-Javon, Jeanne de Flandreysy,

Quelques Pages Pittoresques et de nature à faire aimer ce beau pays de Provence, qui nous valut quelques jours de poésie et de joie.

Ce *Numéro sera entièrement illustré par les photographies d'amateurs* faites au cours du voyage, et qui auront été primées par le jury.

Les récits du voyage et les photographies devront nous être parvenus le 15 mai (dernier délai).

Nous publions, aujourd'hui, aux pages suivantes, deux jolies impressions de Provence, qui donneront une vision de ce que fut ce voyage, dont le souvenir reste inoubliable.

LES TAUREAUX PLEURENT

Ansin, dins uno grand manado,
Se 'no ternenco es debanado,
A l'entour dou cadabre estendu pèr toujour,
Nou vèspre à-de-rèng, tau e tauro
Van, souloumbrous, ploura la pauro,
E la palun, e l'oundo, e l'auro
De si doulourous bram restountisson nou jour.

Ainsi, dans un grand troupeau, — si une génisse a succombé, — autour du cadavre étendu pour toujours, — neuf soirs consécutifs, taureaux et taures — viennent, sombres, pleurer la malheureuse, — et le marécage, et l'onde, et le vent — de leurs douloureux mugissements retentissent neuf jours.

FRÉDÉRIC MISTRAL. *(Mireille*, chant XII.)

Le peintre russe Ivan Pranishnikoff, — « Monsieur Ivan », comme l'appelaient les Saintins, — mena, pendant trente ans, l'existence des gardians et fut véritablement, par ses études sur le cheval, le Meissonier de la Camargue. Donc, le bon « Monsieur Ivan », à la longue barbe blanche, aux yeux bleus si profonds et si doux, m'avait, en déjeunant, promis de me conduire, ce soir-là, à l'embouchure du Petit-Rhône, pour contempler, du haut des dunes, la magnificence d'un crépuscule camarguais.

C'était au commencement de juillet. Le Petit-Rhône est tout proche et les sentiers de sable sont doux à travers le désert. Les lis de mer embaumaient sous nos pieds. Nous escaladâmes une *montille*, hérissée d'alfa.

Le soleil venait de disparaître, et le ciel, sans nuages, sans vapeurs, se teignait, cette fois, d'un rouge jaunâtre, si uniforme et si onctueux que l'on eût dit un immense et très vieux manteau de velours florentin. Par la plaine, des deux côtés du fleuve, carminé, huileux, vaste et muet, comme doit l'être le Nil, les cris des gardians, rassemblant les manades pour la nuit, perçaient le silence langoureux des choses.

Soudain, à deux cents mètres au-dessus de nous, le long des eaux, retentit un beuglement si lugubre, si poignant, que j'en frissonnai toute et qu'instinctivement je fis un pas pour me rapprocher de mon compagnon. D'autres gémissements se mirent à répondre au premier, de tous les points de l'étendue.

— N'ayez pas peur, me dit M. Pranishnikoff. Venez. Vous allez assister à un spectacle étrange. Je connais ces plaintes. Les taureaux viennent pleurer la mort de l'un d'entre eux. Son cadavre doit être couché près d'ici.

Je suivis mon compagnon, assez troublée par ces clameurs de deuil devenant, de minute en minute, plus nombreuses et terriblement impressionnantes.

Au milieu d'une sorte de clairière tapissée de salicornes et d'arroche-pourpier, sur une élévation de terrain, gisait, en effet, le corps noir d'une bête morte. Le sol environnant étant bas et boueux, elle avait dû chercher ce tertre pour son agonie.

Un taureau, dont la stature paraissait fantastique dans le demi-jour, était campé sur le monticule et dominait le cadavre, allongé sur la pente, à ses pieds.

— C'est le *Sangar* (le Chevanne), roi de la manade, devant lequel tremblent les autres mâles, dit M. Pranishnikoff, en m'entraînant derrière une touffe de tamaris.

Des taureaux, des vaches, formaient déjà le cercle autour de ce tableau, aspirant l'air âprement, les flancs agités et la gorge remplie de plaintes étouffées. En longues théories sombres, le reste de la manade accourait au trot du fond des marécages et débouchait de tous côtés dans la clairière.

Le *Sangar* allongeait le mufle, flairant la mort, poussant des mugissements brefs, saccadés, qu'il faut bien appeler des sanglots. Tout à coup, il releva la tête si violemment que ses grandes cornes en lyre vinrent toucher son cou, horizontales, et le même beuglement, qui, tout à l'heure, m'avait fait tressaillir, montant du fond de sa poitrine, plus lent, plus large, plus lugubre, épandit sur l'espace une nappe de douleur infinie. Les autres bêtes se taisaient autour de lui, figées dans des attitudes bizarres. Mais, lorsque les dernières notes sinistres semblèrent s'évanouir au lointain, une reprise suraiguë éclata de toutes parts. Le *Sangar* paraissait pétrifié. La corne en garde, il attendait le déclin de ce multiple sanglot que, de sa formidable basse, en rugissement d'orgue, il renvoya jusqu'aux confins de l'horizon.

Décrire cette scène est impossible. J'étais haletante. On eût dit les versets d'un fantasmagorique psaume de la Mort chantés par des êtres apocalyptiques sous les cieux d'un monde inconnu.

Gravement, le *Sangar* descendit dans l'intérieur du cercle funèbre, tandis qu'un autre taureau, le remplaçant auprès du cadavre, allait, avec les mêmes rites, entonner la même complainte. Ainsi firent successivement tous les mâles... Les uns après les autres, ils venaient, ensuite, se placer auprès du *Sangar*, sans rentrer dans le cercle, et je remarquais avec étonnement les dispositions belliqueuses dont ils paraissaient de plus en plus

animés à mesure que leur nombre augmentait.
— Ils vont se battre, me souffla à l'oreille Monsieur Ivan.

En effet, une extraordinaire griserie semblait s'être emparée d'eux. Dans l'obscurité croissante, on entendait déjà leurs cornes s'entre-choquer, leurs fronts se heurter. La terre tremblait sous leurs assauts. Sans se soucier de cette mêlée, les vaches rompaient le cercle. Comme pour l'offrande d'une messe de mort, elles allaient en procession flairer le corps de leur compagne et jeter vers

La nuit s'était faite. Les gardians regagnaient leur cabane, profilée, là-bas, en ombre chinoise, avec sa croix, sur le dernier lambeau du couchant, si long à s'éteindre en ce pays. Pour rentrer aux Saintes-Maries, nous suivions la digue à la mer. Les courlis jetaient leurs cris perçants à travers l'étendue salée. A chaque pas, des canards, des sarcelles, se levaient devant nous, rasant l'eau du frou-frou de leurs ailes. Et la lune, énorme, toute de feu, venait d'émerger, au large, sur la mer.

Le *Sangar*, dans le désert de sel.

les étoiles naissantes une longue plainte; puis, elles disparaissaient derrière les dunes ou dans les fourrés.

— Eh bien! dit près de nous une voix qui me fit sursauter, vous venez d'assister au *ramadan* des bêtes?

— Ah! mon vieux camarade Pie-de-Mer! s'écria M. Pranishnikoff.

Comme deux statues sur des chevaux de marbre, sans selles ni brides, Pie-de-Mer et son compagnon Petite-Biche se tenaient immobiles derrière nous.

— Nous sommes là depuis longtemps, reprit le vieux. Vous ne nous avez pas entendu arriver, tant les taureaux hurlaient pour la pauvre Hirondelle. Oh! la vaillante vache! A la fête d'Aimargues, en chargeant un *razeteur*, elle donna du front contre le moyeu d'une roue de charrette, si fort que cela ne lui a point pardonné... Alors, Madame, continua-t-il en s'adressant à moi, vous avez vu couler leurs larmes?

— Leurs larmes?

— Mais oui, reprit M. Pranishnikoff. Il faisait déjà sombre, ce soir, sans quoi vous eussiez vu de véritables pleurs tomber des yeux de ces taureaux.

— Quel pays! murmurai-je, quel extraordinaire pays!

— Extraordinaire, Madame, dites-le, répliqua M. Pranishnikoff. Nul, après avoir essayé d'en sonder le mystère, ne peut échapper à son ensorcellement. J'ai voulu le fuir, j'ai revu la Russie, j'ai parcouru la terre entière; mais un irrésistible attrait me ramena toujours vers ces déserts, au bord de cette mer. La Camargue, Madame, est une impitoyable maîtresse.

Et M. Pranishnikoff, les yeux perdus dans un rêve, se mit à réciter comme pour lui-même, avec un accent aussi pur que s'il était né sur les rives de la Durance ou de la Sorgue, ces vers du *Renégat*, de Mistral :

Car nosto Prouvènço es talamen bello
Que se la repello
Tau que noun lou crèi ;
Nous amourousis e nous descounsolo,
Levant de cassolo
Li fiho de rèi.

Car notre Provence est tellement belle — que s'en ressouvient — tel qui ne le croit ; — elle nous remplit d'amour et de larmes, — et supplante même — les filles de roi.

JEANNE DE FLANDREYSY.

UNE ETRANGE VISITE A L'ENTOMOLOGISTE J.-H. FABRE

Ceci m'advint dans le temps où les moissonneurs ont coutume de lier en gerbes les épis mûrs.

C'est l'époque où les Provençaux s'en retournent chez eux, afin de ne pas négliger, selon les préceptes d'un sage de la Grèce, la cuisson de leur épiderme... Un motif analogue m'avait donc amené dans le Midi. Pour me conformer plus strictement aux usages du pays, j'avais entrepris de longues promenades à travers la campagne, aux heures les plus chaudes du jour.

Ce matin-là, je devais accomplir le trajet qui sépare Orange du petit village de Sérignan. Depuis de longs mois déjà, je m'étais promis cette visite à Fabre. Mais le diable s'était toujours mis de la partie au moment de l'entreprendre. Aujourd'hui encore, à n'en pas douter, il guettait l'occasion favorable pour m'arrêter en chemin. Rien qu'à sentir sur ma nuque la brûlure ardente du soleil, je le devinais en quelque coin du firmament. Jamais lumière plus éblouissante ne se répandit sur la campagne provençale. Les yeux mi-clos, le pas ralenti, je marchais doucement au bord de la route, parmi les herbes rares des fossés. Le bruit incessant des cigales crissant dans le feuillage argenté des oliviers m'était insupportable. Cependant, le mal étant sans remède, je songeais que sept kilomètres sont bientôt parcourus. Je voyais, dans la paix des arbres, au tournant de la route, parmi les sources claires, la petite maison de l'entomologiste, avec sa façade rose et son toit en terrasse... Et puis, ils n'étaient pas encore nombreux, dans ce temps-là, ceux qui, mus par un sentiment d'admiration, s'en allaient ainsi saluer le grand savant! Je me disais aussi que le monde est petit pour la médisance et sans oreilles quand le sage parle.

Mais le diable ne trouvait pas son compte en de telles méditations. Sans plus y penser, je devais, pas à pas, me rapprocher de Sérignan. Certes, la nature restait inclémente à mon égard, mais la résignation est une oasis où l'on se peut reposer.

Or, il arriva soudain que le paysage offrit à mes yeux fatigués la douce vue d'un bois de chênes verts. Il ne m'était pas apparu tout d'abord, tant la route, en cet endroit, décrivait de brusques détours, et peut-être aussi parce que ma mémoire n'en gardait pas le souvenir. Tout mon courage m'abandonna devant l'ombre fraîche du petit bois. Mes pas quittèrent la route dure, et sentirent bientôt, sous le mol tapis des gazons verts, un doux soulagement. Alors, je pliai mon corps fatigué aux pieds d'un jeune chêne, et, reposant mes yeux sur les pousses nouvelles, je m'accordai quelques moments de repos.

Mais voici ce qu'il advint: La marche ayant rompu mes membres, ceux-ci ne tardèrent pas à m'abandonner. En vain, j'essayai d'en faire usage : d'imperceptibles antennes bleues, longues comme des pattes de mouches, semblaient les avoir remplacés. Ma poitrine elle-même se transforma; il me parut sensible qu'elle s'allégeait jusqu'à ne plus être qu'une feuille légère, agitée au moindre souffle. Et, comme je décidai de me lever, mon front heurta un caillou, qui me surplombait entièrement. Alors, je vis venir vers moi, de tous les côtés à la fois, des êtres tels que je n'en soupçonnais pas, et dont la taille était supérieure à la mienne. Le premier qui m'aborda était tout de noir habillé. Ses jambes me parurent fort longues, mais bien lentes à se mouvoir. Il me dit :

— Je suis le Scarabée Sacré! Les Egyptiens m'ont adoré, et, longtemps, ils virent en moi le symbole de l'Immortalité...

Puis, soulevant son chaperon, crénelé de dentelures, il me considéra un instant.

— Je ne me rappelle pas, reprit-il bientôt, t'avoir rencontré dans le pays... Tu ne ressembles nullement aux habitants de cette contrée. Tu es très laid...

A ce moment, un autre survint. Tout de suite, sa haute taille me surprit. Il portait une armure et sa poitrine était hérissée de pointes menaçantes. Au sommet du front, une corne noire le rendait redoutable. Le Scarabée n'en parut pas inquiet.

— Apprends donc, dit le dernier venu, que je porte un nom fameux!... Je suis le Minotaure Typhée... Le célèbre taureau de Minos, celui-là qui se nourrissait de chair humaine dans le labyrinthe de Crète, ne dédaigna pas présider à mon baptême, et le géant Typhée, fils de la Terre, malheureux dans l'escalade du Ciel, se pencha sur mon berceau...

Après un silence, il reprit :

— Mais plus je considère ton visage, et moins j'en reconnais les traits tourmentés! Dis-moi ton nom. J'habite ce bois depuis ma naissance et nul ne m'est inconnu ici!

Mais le Scarabée prit la parole :

— Tu voudrais, ô pauvre Minotaure, par des propos pleins d'astuce, faire accroire à ta puissance! Sachez donc, noble étranger, que le Minotaure Typhée est le plus inoffensif des sujets de notre royaume. Il est aussi d'une grande naïveté, et quoique le ciel semble l'avoir destiné, par son aspect menaçant, aux gloires des combats, il ne prend jamais part à ceux-ci; c'est un poltron.

Ainsi parla le Scarabée. Mais un bruit de soie froissée me fit tourner la tête. Aussitôt, je vis s'avancer un groupe de personnages vêtus avec une grande magnificence. Chacun portait un costume noir avec une écharpe rouge autour du ventre. Leur taille dépassait de beaucoup celle du pauvre Minotaure. Dès qu'ils eurent pris place auprès de moi, tous parlèrent en même temps. Je ne comprenais pas le sens de leurs propos. Pourtant, il était aisé d'y découvrir un grand étonnement. L'un d'eux prétendit que je pourrais bien être un dieu déchu, tombé des arbres; mais l'arrivée bruyante d'une Abeille dissipa vite cette erreur. Jamais elle ne m'avait aperçu dans les sphères célestes. Elle en appela même au témoignage de ses cousines, les Guêpes. Celles-ci manquèrent de civilité à mon égard. Pour éviter toute discussion, elles me piquèrent, disant que les dieux sont invulnérables. Pourtant, de tous les côtés, le long des troncs moussus, d'entre les pierres entassées, des hauteurs du ciel, des fentes du gazon, arrivaient sans cesse de nouveaux habitants. Une armée entière s'étendait autour de moi.

Enfin, le Scarabée, montant sur un gland, s'exprima en ces termes :

— Vous admettez bien, mes frères, que le nouveau venu, quoique privé de la parole, ne paraît pas très méchant. Son aspect rappelle assez celui de notre ami le Minotaure. Gardons-nous de lui faire du mal! Je vous invite donc à ne pas prolonger un interrogatoire sans issue. Rendons-nous plutôt tous ensemble à Sérignan afin de présenter l'étranger à celui qui s'occupe de ces formalités. Nous apprendrons ainsi toutes choses utiles à son sujet...

Le Scarabée cessa de parler. Aussitôt, venue des feuilles voisines, une Cigale proposa de m'emporter sur ses ailes jusqu'à l'endroit désigné. Mais une jeune femme, que je n'avais pas remarquée, et dont le visage semblait sourire, ne le permit pas. Je sus plus tard qu'on la désignait sous le nom de Mante, et qu'elle était d'une grande méchanceté. On décida alors de me conduire par le plus court chemin. Les Abeilles partirent en avant, afin de reconnaître les lieux. Le Scarabée prit place à mes côtés, tandis que les Fourmis, peu satisfaites de ce voyage, fermaient la marche. Au-dessus de ma tête, sous la voûte des feuilles, la Mante légère s'amusait à tracer plusieurs fois dans les airs un trajet que j'accomplissais à grand'peine. Jamais route ne fut plus encombrée. Je trébuchais à chaque pas. De hautes montagnes fermaient l'horizon. Mes compagnons riaient de mes fatigues. Nous fîmes la rencontre de personnages inconnus. Chacun voulait me voir. Le Scarabée disait mon histoire. Notre cortège s'accrut ainsi de tous les châtelains des environs. Depuis longtemps, ils projetaient une visite à Fabre. Nous arrivâmes ainsi devant une haute muraille dont le faîte se perdait dans le ciel. J'imaginai aussitôt que mes souffrances touchaient à leur fin, cet obstacle étant infranchissable. En effet, les Abeilles nous attendaient. Elles se posèrent sur une branche de chardon et s'enquirent de ma santé. Mais le Minotaure me fit aussitôt traverser un couloir sombre, creusé dans un interstice du mur, et je me trouvai soudain au milieu d'un jardin tout émaillé de fleurs. J'en éprouvai une grande joie. Pourtant, le Scarabée, qui nous avait précédés, revint vers nous, et signala la présence du maître. Je vis bientôt, entre les tiges d'un massif, parmi les graviers roses, une main pâle s'agiter. Les doigts, très longs, disparaissaient parfois dans la terre, et semblaient n'en plus vouloir sortir. Alors, mes deux compagnons me poussèrent vers cette main. Un instant, je compris que ma fin était proche, car mon corps délicat ne résisterait pas à cette étreinte. Mais une caresse légère me fit tressaillir : j'étais blotti entre les doigts tièdes de l'entomologiste. J'aperçus bientôt tout son visage, et sa bouche disait :

— Te voilà donc revenu! Depuis longtemps, chaque jour, j'attendais ta visite... Bonjour, petit insecte!

A ce moment, une grande douleur secoua tout mon corps. Mes petites antennes bleues semblèrent se détacher, emportées par le vent, et ma poitrine, si légère, devint lourde comme du plomb. Alors, j'ouvris mes paupières meurtries : j'étais étendu près de la route ensoleillée, au pied d'un olivier tordu, dans l'ombre chaude de son feuillage. Mille petites bêtes couraient sur mes mains; une Guêpe Rouge se débattait entre mes doigts crispés...

JACQUES DE BARONCELLI-JAVON.

Imprimerie des *Annales*, 51, rue Saint-Georges, Paris.　　　*Le Gérant:* VINSONAU.

COURRIER DE PARIS

Cette fois, les vilains froids plient définitivement bagages Nous rangeons manteaux d'hiver et fourrures; mais il faut bien prendre les précautions habituelles pour les retrouver, au prochain hiver, en bon état.

Il ne s'agit point seulement, ici, d'enfermer nos pelleteries avec une quantité plus ou moins grande d'ingrédients plus ou moins efficaces. Ne vous étonnez point lorsque, ayant traité de cette façon vos vêtements d'hiver, vous les retrouvez endommagés par les vers ou les mites. Ces précautions sont bien loin d'être suffisantes; une fourrure portée pendant tout un hiver, quelque soin qu'on en ait pris, est, en effet, un merveilleux réceptacle à la poussière et à toutes sortes d'impuretés. La doublure de ces vêtements doit être décousue dans le bas, et, en général, dans tous les endroits où la poussière peut se réfugier. D'ailleurs, le mieux serait, assurément, d'enlever complètement la doublure qui gêne toujours pour le nettoyage et risque d'être tachée pendant cette opération.

Après un battage sérieux, on procédera au décrassage à l'essence, après avoir étendu. sous le vêtement, une bonne épaisseur de flanelle. Il n'est point besoin de vous dire que ce travail ne doit être effectué ni à la lumière du gaz ou d'une lampe, ni dans une pièce où il y a du feu. Vous savez toutes, aussi bien que moi, quelles vapeurs éminemment inflammables s'échappent de l'essence.

Ne vous inquiétez pas si, après le nettoyage, alors que la fourrure est encore mouillée, les poils sont collés les uns aux autres et si votre vêtement a l'air quelque peu malade. Il vous suffira, lorsque le séchage sera achevé, de secouer la fourrure pour qu'elle retrouve toute sa légèreté.

Et, les frimas revenus, vous braverez à nouveau les rigueurs de la température, emmitouflées dans votre chaude fourrure qui mettra en valeur un teint clair, et une peau douce et satinée, par l'emploi de la Brise Exotique, eau qui empêche et efface les rides, boutons et taches de rousseur; elle s'emploie dans l'eau de la toilette et pure, après que l'on s'est essuyé le visage. (6 francs le flacon, franco contre mandat-poste de 6 fr. 85, adressé à la Parfumerie Exotique, 35, rue du Quatre-Septembre, Paris.)

J'ai, de plus, à vous signaler, puisque je m'y suis engagée, une trouvaille qui ne peut que vous plaire, puisqu'elle contribue à votre beauté Demandez, de ma part, à Mlle Déolle, 10, rue Bailleul, à Paris, l'envoi, contre 0 fr. 60, du Grand Echantillon de sa Poudre de riz liquide, qui, invisible et bienfaisante, est d'une adhérence tenace; elle disparaît seulement au lavage de la figure (trois teintes : blanche, rose, rachel). Essayez et vous m'en remercierez.

LUCETTE.

R. S. M... — Les gants de coton et les souliers de peau mate sont grand deuil.

Jeune vieillesse. — La Poudre Capillus redonne aux cheveux blancs, sans les mouiller, leur nuance primitive. Cette poudre existe en toutes nuances. En faisant la première commande à la Parfumerie Ninon, 31, rue du Quatre-Septembre, avoir soin de mettre dans la lettre un échantillon de ses cheveux. Pour les commandes suivantes, un peu de poudre dans du papier de soie et renfermé dans la lettre suffit pour recevoir la nuance que l'on désire. Prix : 5 francs la boîte, franco contre mandat-poste de 5 fr. 50.

L.

PRENEZ GARDE, Madame

vous commencez à grossir, et grossir, c'est vieillir. Prenez donc tous les jours deux dragées de **THYROIDINE BOUTY**, *et votre taille restera ou redeviendra svelte.* — *Le flacon de 50 dragées est expédié franco par le* **LABORATOIRE**, 3bis, R. de Dunkerque, Paris, contre mandat-poste de 10f. TRAITEMENT INOFFENSIF ET ABSOLUMENT CERTAIN, en ayant soin de bien spécifier : *Thyroïdine Bouty.*

PATES ET FARINES SPÉCIALES
BOUSQUIN
PARIS, 25, Gal. Vivienne. Catal. fco.
POUR LES ENFANTS
LES ESTOMACS DÉLICATS
Les DIABÉTIQUES, etc

DIABETE ALBUMINE
GRATIS exposé d'une nouvelle Doctrine pour GUÉRISON RADICALE sans régime.
Spécialiste POULAIN, *Villa des Lilas, DIEPPE (S.-Inf.)*

En l'honneur de **JEANNE D'ARC**

La LIBRAIRIE DES ANNALES

offre aux Lecteurs et Abonnés de L'UNIVERSITÉ
DES ANNALES une Édition de Luxe des

POÈTES DE JEANNE D'ARC
de 1400 à 1911

o o o o o o Un volume in-16 jésus sur papier vergé o o o o o o

Couverture rempliée illustrée de deux médaillons et de l'oriflamme de Jeanne d'Arc

o o o o o o Préface de **Jules LEMAITRE** o o o o o o

o o o o o o Introduction et Notices d'**ALBALAT** o o o o o o

Prix de Faveur pour les Abonnés et Lecteurs
de L'UNIVERSITÉ DES ANNALES... ... ... **2** fr.

CITONS, PARMI LES AUTEURS :

XVe siècle. . CHRISTINE DE PISAN, MARTIAL D'AUVERGNE, Inscriptions diverses, Hymnes.

XVIe siècle. . Mystère du Siège d'Orléans (Manuscrit de la Bibliothèque du Vatican), CHRÉTIEN DES CROIX.

XVIIe siècle. JEAN CITOLLE, LE MAIRE, LA MÉNARDIÈRE, CHAPELAIN.

XVIIIe siècle. ALEXANDRE SOUMET.

XIXe siècle. . CASIMIR DELAVIGNE, ALFRED DE MUSSET, LOUISE COLET, AUGUSTE BARBIER, VICTOR DE LAPRADE, THÉODORE DE BANVILLE, CLOVIS HUGUES, PAUL DÉROULÈDE, JEAN AICARD.

Ce Volume de luxe est, en même temps, un Recueil des plus curieux et des plus intéressants, qui montre clairement en quel honneur Jeanne d'Arc ... ... fut tenue par le peuple dès son apparition ... ... Il constitue le plus précieux des souvenirs sur l'héroïne nationale ...

Pour recevoir sans frais ce Volume, envoyer **2** francs en mandat ou timbres-poste à M. le Directeur de

LA LIBRAIRIE DES ANNALES

51, rue Saint-Georges
ou
26, rue Bonaparte, PARIS.

(Joindre le BON-PRIME ci-contre)

Je soussigné ....

....

demeurant à ....

rue ....

désire recevoir les

POÈTES de JEANNE D'ARC

(Ci-joint la somme de **2** francs)

CAMPEADOR
PARFUM ULTRA-PERSISTANT
ED. PINAUD, PARIS

CHEMINS DE FER
DE PARIS-LYON-MÉDITERRANÉE

EXPOSITIONS de ROME et FLORENCE

Voyages à prix réduits, via Modane ou Vintimille, avec la *Tessera*

La Compagnie délivre à sa gare de Paris, dans ses bureaux de ville à Paris et dans ses principales gares, la *Tessera* (10 fr. 50), conjointement avec :

a) un livret (0 fr. 30) contenant 8 coupons, donnant droit chacun à un parcours italien à prix réduit ;

b) un billet simple, à prix réduit, du point d'entrée en Italie, à Rome ou Florence, en échange du premier coupon du livret ;

c) l'un quelconque des billets suivants pour les parcours à effectuer sur le réseau P.-L.-M. :
Un billet, aller et retour, Modane : 1re, 2e et 3e classes ;
Un billet, aller et retour, Vintimille : 1re, 2e et 3e classes ;
Un billet, aller Modane ; retour Vintimille (ou inversement) : 1re, 2e et 3e classes.
Validité : 45 jours. Réduction : 25 %.

N. B. — La *Tessera* italienne, nécessaire pour bénéficier des avantages ci-dessus, consentis par les chemins de fer italiens, est un carnet personnel, donnant également droit à des réductions pour l'entrée aux Expositions, la visite de divers musées ou palais des Expositions ou des villes, etc...

CHEMIN DE FER DU NORD

Stations Balnéaires et Thermales

Jusqu'au 31 octobre, toutes les gares du Chemin de fer du Nord délivrent les billets à prix réduits ci-après :
Billets de saison pour familles, valables 33 jours ;
Billets hebdomadaires et carnets valables 5 jours, du vendredi au mardi et de l'avant-veille au surlendemain des fêtes légales ;
Cartes d'abonnement valables 33 jours, réduction de 33 % sur les abonnements ordinaires d'un mois ;
Billets d'excursion de 2e et 3e classes des dimanches et jours de fêtes légales, à destination des stations balnéaires seulement.

Un Jour à la Mer

Tous les dimanches, de juin à septembre, mise en marche de trains de plaisir à marche rapide et à prix très réduits en 2e et 3e classes ; aller et retour dans la même journée, à destination des plages du réseau du Nord.
Les billets délivrés pour ces trains comportent, pour les familles, des réductions de 5 à 25 %.

Largeur :	0m80	0m90	1m	1m15	1m25	1m40
Lit :	20 »	21 »	23 »	25 »	28 »	32 »
Sommier :	18 »	19 »	20 »	21 »	24 »	26 »

Imprimerie des *Annales*, 51, rue Saint-Georges, Paris.
Le *Gérant* : VINSONAU.

AVOIR UNE PEAU FINE
BLANCHE LISSE AUX TEINTES FRAICHES
POUR ÊTRE BELLE LA FEMME DOIT
Floréine
CRÈME DE BEAUTÉ
F. DE M. 1909
48, Rue d'Alésia, Paris

www.ingramcontent.com/pod-product-compliance
Lightning Source LLC
LaVergne TN
LVHW022321170726
843503LV00006B/2626